When is it good enough? – Softwareprojekte im Zeitalter generativer KI

Tessa Pfattheicher · Tehseen Rug ·
Felix Böhmer

When is it good enough? – Softwareprojekte im Zeitalter generativer KI

Springer Vieweg

Tessa Pfattheicher
iteratec GmbH
München, Deutschland

Tehseen Rug
iteratec GmbH
München, Deutschland

Felix Böhmer
iteratec GmbH
München, Deutschland

ISBN 978-3-658-50099-3 ISBN 978-3-658-50100-6 (eBook)
https://doi.org/10.1007/978-3-658-50100-6

Die Deutsche Nationalbibliothek verzeichnet diese Publikation in der Deutschen Nationalbibliografie; detaillierte bibliografische Daten sind im Internet über https://portal.dnb.de abrufbar.

Planung/Lektorat: Petra Steinmueller
Springer Vieweg ist ein Imprint der eingetragenen Gesellschaft Springer Fachmedien Wiesbaden GmbH und ist ein Teil von Springer Nature.
Die Anschrift der Gesellschaft ist: Abraham-Lincoln-Str. 46, 65189 Wiesbaden, Germany

Wenn Sie dieses Produkt entsorgen, geben Sie das Papier bitte zum Recycling.

Unsere liebevolle Dankbarkeit geht an unsere Familien, Freunde und ganz besonders an Marina, Tizi und Hanna mit Valentin und Dominik, die uns in den letzten Monaten mit Geduld, Verständnis und Unterstützung begleitet (und manchmal ertragen) haben.

Außerdem wollen wir allen herzlich danken, die uns durch ihre Anmerkungen und kritischen Rückfragen geholfen haben, unsere Gedanken zu schärfen und das Buch zu verbessern.

Vorwort

Als wir 1996 die iteratec GmbH gegründet haben, wollten wir Softwareprojekte nicht mehr nach dem Wasserfallmodell machen. Das war zu der Zeit der Standard (die Älteren unter uns werden sich erinnern) und die meisten Softwareingenieure konnten sich die Erstellung größerer Softwaresysteme auch gar nicht anders vorstellen. Die Anwendung dieses Verfahrens hatte sich zuletzt aber immer mehr als Versuch herausgestellt, Komplexität mit Genauigkeit zu bekämpfen. Das funktionierte so lange, wie zum Zeitpunkt der Spezifikation einer Anwendung auch alle Erkenntnisse auf dem Tisch lagen, die für die spätere Entwicklung relevant waren. Die notierten Anforderungen haben sich aber während der Projektlaufzeit immer schneller verändert, auch aufgrund der sich stark verbreitenden grafischen Benutzeroberflächen (ja, es gab eine Zeit vor Windows et.al.) und der immer stärkeren Durchdringung des Business durch IT, was die Komplexität steigen und während der Projektlaufzeit neue Anforderungen entstehen ließ. Das oft sture Festhalten an den einmal abgenommenen Anforderungen, die auch die wesentliche Vertragsgrundlage waren, hat am Ende nur die Softwarehäuser glücklich gemacht, die sich an den nachfolgenden Change Requests eine goldene Nase verdient haben.

Das wollten wir ändern, indem wir iterativ und inkrementell arbeiten (so ist übrigens der Firmenname entstanden. iteratec steht für iterative Softwaretechnologien). Der Begriff der Agilität, mit dem wir heute die verschiedenen Aspekte des Umgangs mit Unschärfe zusammenfassen, hat damals noch keine Rolle gespielt.

Die Welt ist heute natürlich eine ganz andere. Wie in allen Technologien gab und gibt es auch in der Softwareentwicklung permanent Veränderungen - nicht immer mit Fortschritt, aber meistens. Wie wir heute Anwendungen bauen, hat deshalb mit den Technologien und Methoden von vor 30 Jahren nicht mehr viel zu tun. Die Arbeitsweise von Software-Entwicklern und die eingesetzten Technologien und Tools verändern sich immer wieder, was aber für die meisten kein Problem ist. Denn die Veränderungen führen in der Regel dazu, dass das Leben einfacher wird, die Produktivität steigt und die Qualität von Code und damit der entwickelten Anwendung besser wird. Ebenfalls wichtig für die Akzeptanz der Techniker ist, dass sich zwei wichtige zugrunde liegenden Paradigmen nicht geändert haben: Testbarkeit und Reproduzierbarkeit. Mit klarem Kopf und ingenieurmäßigen Vorgehen können wir nahezu jedes Problem lösen und - vor allem - verstehen die Lösung, weil wir wissen, wie die Ergebnisse zustande kommen. Klar ist auch, wir sind fertig, wenn alle Anforderungen fehlerfrei umgesetzt sind. Damit liefert die „Definition of Done" meistens keinen Streitpunkt und es entsteht in der oft sehr komplexen Welt der Softwareentwicklung zumindest ansatzweise das Gefühl der Sicherheit.

Anders gesagt: Alles, was wir in den letzten Jahrzehnten unter der Überschrift „Digitalisierung" gesehen haben, hat uns Technikern viel Spaß gemacht. Wir konnten uns austoben, neue Technologien ausprobieren und waren selbst nur am Rande betroffen. Und das soll sich jetzt alles ändern?

Mit diesem Buch beschreiben meine Kolleg*innen Tessa, Felix und Tehseen die vor uns liegende völlig neue Welt der IT-Projekte und Softwareentwicklung. Es ändert sich sowohl das Wie wir entwickeln als auch das Was am Ende herauskommt. Das klingt zunächst banal und kommt einem gar nicht disruptiv vor, denn das war immer so. Aber schon das Was ist fundamental anders. Es entstehen erstmals Systeme, mit denen die Anwender über natürliche Sprache kommunizieren, in denen auf Basis von Sprachmodellen arbeitende autonome Agenten verbaut sind. Beim Wie sehen wir, dass die Softwareentwicklung zunehmend unter Einsatz von AI erfolgt, zumindest durch AI unterstützt wird. Sogar das Wer ändert sich, weil die bereitgestellten Tools immer mehr Menschen auch ohne technische Ausbildung ermöglichen, Software zu entwickeln. Man muss es einfach so sagen: Das ist die krasseste Veränderung, die wir je im Bereich der Softwareentwicklung gesehen haben. Wenn wir uns dann noch klarmachen, dass sich auch unsere liebgewonnenen Paradigmen Testbarkeit und Reproduzierbarkeit radikal ändern, verstehen wir, warum alle Beteiligten, auch die Auftraggeber, vor immensen Herausforderungen stehen. Denn die müssen lernen, Projekte neu zu denken, von der Definition über die Beauftragung bis zu Abnahme und Abrechnung.

Wir dürfen gespannt sein, wie sich das in den nächsten Jahren darstellen wird. Auch im technischen Bereich haben sich Veränderungen oft nur langsam durchgesetzt. Technologen sind nicht per se veränderungsbereit. Nicht umsonst ist in diesen Kreisen das Mantra „Never change a running System" weit verbreitet und auch Techniker leben gerne das „Haben wir schon immer so gemacht." Das war bei der Einführung der iterativen Vorgehensweise im Übrigen auch nicht anders. Inzwischen ist diese aber überwiegend die etablierte Arbeitsweise in den Unternehmen und damit haben wir eine wichtige Grundlage für den Umgang mit Sprachmodellen gelegt. Denn ohne die iterativ, inkrementelle Phase in einem agilen Vorgehen hätten wir die Fähigkeiten, auf Basis von LLMs interaktive Systeme zu erstellen, nicht entwickelt. Aber es wird trotzdem eine enorme Herausforderung sein, mit der damit einhergehenden neuen Unschärfe umzugehen. Gehen wir es an.

München, September 2025 *Klaus Eberhardt*

Interessenkonflikt Die Autor*innen haben keine für den Inhalt dieses Manuskripts relevanten Interessenkonflikte.

Hinweise

Hinweis zu Nutzung von KI

Dieses Buch wurde von dem Autorenteam selbst verfasst. Künstliche Intelligenz wurde lediglich zur sprachlichen Optimierung einzelner Formulierungen verwendet, nicht zur Erstellung von Inhalten.

Sprachhinweis

Zur besseren Lesbarkeit verzichten wir in der Regel auf die gleichzeitige Verwendung männlicher, weiblicher und diverser Sprachformen. Stattdessen verwenden wir eine möglichst neutrale Schreibweise, um das Textverständnis zu erleichtern.

Wir haben lange über die richtige Form diskutiert. Am Ende mussten wir feststellen: Es gibt keine perfekte Lösung, jede Variante hat Vor- und Nachteile. Unsere Wahl soll Verständlichkeit und Inklusion gleichermaßen ermöglichen. Uns ist wichtig, dass sich alle angesprochen und willkommen fühlen. Daher möchten wir ausdrücklich betonen, dass jede Formulierung in unserem Buch für alle Menschen gleichermaßen gilt.

Vorstellung

Felix Böhmer

arbeitet seit 2016 bei iteratec. Er ist heute „Director AI & Data Analytics" und leitet das Team, das sich um die Wertschöpfung aus Daten und um die passgenaue Anwendung von KI für die Kunden von iteratec kümmert. Die Leidenschaft für Daten, KI und komplexe Probleme bringt er aus der Naturwissenschaft mit: Er hat ein Studium der Physik an der TU München absolviert und dort auch promoviert, begleitet von Forschungsaufenthalten am CERN, Genf und am HISKP, Bonn. Er vereint damit praktische Erfahrung sowohl im Bereich Data Science und KI als auch aus zahlreichen IT-Projekten – gesammelt in direkter Projektarbeit sowie auf Strategie- und Management-Ebene.

Tessa Pfattheicher

ist „Director AI Transformation" bei iteratec und verantwortet die strategische und praktische Begleitung der iteratec auf ihrem Weg ins KI-Zeitalter. Die studierte Informatikerin ist seit vielen Jahren in der Technik und hat den Weg von der Softwareentwicklerin über Architektin und technische Product Ownerin bis hin zu Management-Themen durchlaufen. Diese Erfahrung prägt ihren Blick auf Technologie und Organisation gleichermaßen: Sie kennt die operative, inhaltliche Projektarbeit genauso wie die unternehmerische, strategische Perspektive. Seit 2018 arbeitet sie bei iteratec und begleitet heute Unternehmen dabei, KI sinnvoll und wertbringend einzusetzen – mit dem Schwerpunkt, technische Möglichkeiten mit den Zielen und Werten von Organisationen zu verbinden

Tehseen Rug

hat am Max-Planck-Institut in theoretischer Physik promoviert und ist „Solutions Lead AI & Data Analytics" bei iteratec. Er verbindet wissenschaftliche Tiefe mit praxiserprobtem Technologieeinsatz. Konkret leitet er die Entwicklung innovativer KI-Anwendungen über diverse Branchen hinweg und bringt dabei moderne Technologien sowie aktuelle wissenschaftliche Erkenntnisse in Form produktiver Software in den praktischen Einsatz. Seine Expertise umfasst die gesamte Wertschöpfungskette der KI-Entwicklung – von Data Science, über Machine Learning bis hin zu produktiven Integration generativer KI in Softwaresysteme.

iteratec

Seit knapp 30 Jahren gestaltet iteratec digitale Innovationen in dynamischen Geschäfts- und Technologieumfeldern und begleitet Organisationen bei ihrer technologischen Weiterentwicklung und Transformation. Die Leistungen reichen von der gemeinsamen Erarbeitung von Innovationsideen über die Entwicklung maßgeschneiderter Softwarelösungen und KI-Anwendungen bis hin zur Unterstützung bei der organisatorischen Einführung disruptiver Technologielösungen.

Im immer wichtiger werdenden Kontext der Künstlichen Intelligenz formt iteratec mit ihren Kunden die Synergie von technologischer Effizienz und menschlicher Gestaltungskraft, um schnell, effizient und skalierbar Technologielösungen zu entwickeln, die Wachstum fördern und nachhaltigen Geschäftswert schaffen. Zum Kundenkreis zählen führende mittelständische Unternehmen ebenso wie DAX-Konzerne aus einem breiten Branchenspektrum.

1996 in München gegründet, beschäftigt iteratec derzeit rund 500 festangestellte Mitarbeitende und 100 Studierende an acht Standorten in Deutschland, Österreich und Polen. Seit 2019 ist ein Großteil der Belegschaft über eine Genossenschaft an der iteratec GmbH beteiligt.

Inhaltsverzeichnis

Einleitung - Willkommen im Zeitalter der Unschärfe

Die Welt verändert sich aktuell in einer atemberaubenden Geschwindigkeit. Die große Transformation der Stunde ist die der Künstlichen Intelligenz (KI), oder im Englischen Artificial Intelligence (AI). Genauer: Unser Fokus liegt auf Generative Artificial Intelligence (GenAI), also Systemen, die aus gelernten Mustern neue Inhalte erstellen können. Denn diese haben sich als bisher disruptivstes Element im Werkzeugkasten der KI und damit als Brandbeschleuniger einer bereits bestehenden, übergreifenden Veränderung erwiesen.

Gemeint ist nichts weniger als eine Veränderung hinein in eine Welt, in der wir Menschen nicht mehr das Monopol haben werden, wenn „intelligente Handlungen" gefragt sind. Denn intelligente künstliche Systeme drängen auf die Bühne des Handelns: Aktuell eher noch in Statistenrollen, in den nächsten Jahren als Nebendarsteller auf Augenhöhe und womöglich – das ist aktuell nicht mehr seriös auszuschließen – bald darauf auch in der Hauptrolle.

Diese Bühne und unsere persönlichen Rollen in der Aufführung dieses Dramas sind die Gründe, warum es uns als Autoren und Autorin förmlich unter den Nägeln gebrannt hat, dieses Buch zu schreiben. „Wir", das sind handelnde und entscheidende Personen eines Unternehmens, das auf eine stolze, fast *dreißig*-jährige Historie als „Softwarehaus" für individuelle Digitalisierungslösungen zurückblickt. Umso bemerkenswerter ist es, dass wir heute zunehmend Lösungen um KI herum bauen, die vor nur *drei* Jahren schlichtweg undenkbar gewesen wären. Die Disruption ist in vollem Gange.

Dabei nehmen wir zwei sehr unterschiedliche Rollen ein: Die der „Betroffenen" in der ersten Zuschauerreihe, denn die manuelle Erschaffung von Software – unser Geschäftsmodell – steht im Zentrum des Sturms der Veränderung durch KI. Gleichzeitig sind wir mit unseren KI-basierten Lösungen aktive, ambitionierte Gestaltende dieser Veränderung und stehen damit nicht nur selbst auf der Bühne, sondern schreiben auch das Skript.

T. Pfattheicher et al., *When is it good enough? – Softwareprojekte im Zeitalter generativer KI*,
https://doi.org/10.1007/978-3-658-50100-6_1

Die Konzepte der Digitalisierung geraten ins Wanken

Stutzen wir die beschriebene „große Transformation“ einmal pragmatisch zurecht auf die Gegenwart: Generative KI-Modelle wie Large Language Models (LLMs) beginnen zunehmend, eine aktive Rolle in unserem alltäglichen Leben zu spielen. Der Grund ist so offensichtlich wie bemerkenswert: Maschinen haben sprechen gelernt und nehmen nun an der reichhaltigen Welt unserer natürlichen Sprache teil. Dass ausgerechnet unsere menschliche Sprache dermaßen im Zentrum des bisher größten Durchbruchs künstlicher Intelligenz steht, die ihrem ganzen Wesen nach doch ein Kind der Mathematik ist, ist rückblickend vielleicht die größte Überraschung der aktuell ablaufenden Revolution. Wir werden die Rolle der Sprache in diesem Buch noch aus zahlreichen Perspektiven beleuchten. Für den Moment soll uns reichen: KI wird durch Sprache Teil unseres Alltags.

Information

Ein Mini-Glossar für die Reise durch dieses Buch

Wir wollen Sie kurz mit ein paar ersten Begrifflichkeiten der Welt rund um KI ausstatten, die für das Verständnis des weiteren Textes wesentlich sind:

- **KI** (Künstliche Intelligenz): Überbegriff für Systeme, die „menschliches Lernen simulieren“, in dem sie aus in der Regel großen Datenmengen Muster erkennen und darauf basierend Ableitungen machen. Eine KI kann ein System sein zur Gesichtserkennung, Ihre intelligente Fotosammlung, in der Sie nach „Palme“ suchen können, ein Algorithmus für Serien-Empfehlungen aufgrund Ihres Sehverhaltens oder ein System, das in der Lage ist, den Weltmeister in Go zu besiegen.
- **GenAI** (Generative Artificial Intelligence) ist eine Unterkategorie von KI. Diese Systeme sind in der Lage, aus gelernten Mustern generativ „Neues“ zu erzeugen. Hierzu zählen Texte, Bilder, Videos oder sogar neue Wirkstoffe in der Medizin.
- **LLMs** (Large Language Models), also Sprachmodelle, sind wiederum eine (sehr bedeutende) Teilmenge von GenAI – nämlich jene Systeme, die auf der Ebene von gelernten textuellen Informationen neue Texte erzeugen. Sie können direkt auf Sprache reagieren und Antworten formulieren, die wir als sinnvoll wahrnehmen.
- **Chatbots** sind konkrete Applikationen, mit denen man als User in einen Dialog eintreten kann. Es gab auch vor GenAI Chatbots (sie haben sicher auch schon welche in Telefon-Servicecentern lieben gelernt), die v.A. auf klassi-

scher Logik beruhten. Moderne AI-Chatbots nutzen LLMs für ihre sprachlichen Fähigkeiten.

Die möglichen Anwendungsfälle sind buchstäblich unüberblickbar. Jeden Tag entstehen neue Tools, die mit Hilfe von KI unser Leben erleichtern oder gänzlich Neues ermöglichen. Was vor einigen Jahren noch nach Science-Fiction klang – z. B. Anwendungen, die eigenständig Entscheidungen treffen und in natürlicher Sprache kommunizieren – ist heute schlichtweg Realität. Und gleichzeitig ist an vielen Stellen der Graben zwischen Wunsch und Wirklichkeit in der Umsetzung neuer Ideen nicht kleiner geworden – wie kann das sein?

Wir sind davon überzeugt, dass ein wesentlicher Grund dafür ist, dass noch in alten Konzepten gedacht und gearbeitet wird. Die gesamte Welt der Softwareentwicklung muss in Frage gestellt werden, denn überkritisch viele zentrale Konzepte, Gewissheiten und Gedankengerüste sind gleichzeitig und in hoher Geschwindigkeit radikalen Änderungen unterworfen. Die Integration von KI in Softwarelösungen und das Arbeiten mit KI bei ihrer Erstellung wirft Jahrzehnte etablierter Gewissheiten und best practices über den Haufen, und zwar für alle am Prozess der Softwareentstehung beteiligten Rollen (Stakeholder, Product Owner, Developers).

Obwohl wir in den letzten Jahrzehnten immer wieder erlebt haben, wie sich Technologiekonzepte weiterentwickeln und Methoden sich wandeln, stehen wir heute an einem echten Wendepunkt: Dies ist kein bloßes Upgrade bestehender Ansätze – es ist eine grundlegende Disruption in der Entwicklung digitaler Produkte.

Ein neues Mindset

Machen wir das konkreter: Wenn wir heute über Softwareentwicklung unter dem Stern von KI sprechen, stellen wir schnell fest, dass zentrale Prinzipien und Konzepte hinter digitalen Systemen nicht mehr tragen: „Regelbasiertheit", „Ja/Nein"-Logik und deterministische Modellierbarkeit lassen moderner KI-Technologie nicht ausreichend Raum, mit uns / für uns Entscheidungen zu treffen. Wir wollen Systeme schaffen, die Expertenwissen für jeden (auch ohne technischen Background) verfügbar machen, die sich an Anforderungen und User anpassen und diese auf eine Weise unterstützen, wie wir es uns früher kaum vorstellen konnten. Wir sprechen von Systemen, die auf natürliche Sprache reagieren, die intelligente Entscheidungen treffen und die sich im laufenden Betrieb an Prozesse andocken. Systeme, die nicht einfach nur automatisieren, sondern aktiv „mitdenken". Richtig umgesetzt fühlt sich das in der Praxis so an, als hätten wir einen neuen Partner um komplexe Probleme zu lösen – und dieser Partner hat enormes Potenzial.

Und ja, die Begeisterung über die neuen Möglichkeiten ist zurecht riesig – aber wer professionell damit arbeiten möchte und notwendig tief in die Materie eintaucht, erkennt schnell, dass ohne entsprechende Vorsicht nicht alles Gold ist, was glänzt. Systeme, die eigenständig agieren, müssen zuverlässig, sicher und nachvollziehbar sein. Darüber hinaus müssen implizite und explizite subjektive Erwartungen in der Anwendung bedient werden. Wer will schon einen Partner zur Problemlösung zur Seite haben, der immer kühl und distanziert, wenn auch inhaltlich korrekt antwortet? Im Zeitalter von LLMs muss diese subjektive Dimension mitgedacht werden.

Wir stehen nun also vor Herausforderungen, die wir bisher nicht kannten: Wie testen wir KI-Systeme, die nicht deterministisch agieren? Wie stellen wir sicher, dass Sicherheitsanforderungen eingehalten werden, wenn Antworten nicht immer gleich sind und sich sogar adaptieren? Wie bauen wir Architekturen, die so flexibel sind, dass sie mit diesen Entwicklungen Schritt halten? Und wie adressieren wir Subjektivität und emotionale Wirkung LLM-basiertes Applikationen? Zeit ist leider kein Luxus, den wir uns leisten können. Die Geschwindigkeit, mit der sich GenAI verbreitet, fordert uns heraus. Schlichtweg alle, die an Digitalisierungsvorhaben beteiligt sind – in der Umsetzung, in der Planung, in der Durchführung, in der strategischen Entscheidungssetzung – sind betroffen und gut beraten, sich mit den Herausforderungen dieser gewaltigen Umwälzung auseinanderzusetzen.

Diese Herausforderungen sind gleichzeitig eine mindestens ebenso große Chance: Der Zeitpunkt, sich abzuheben und mit neu gedachten Lösungen durch die Decke zu schießen, ist jetzt! Vor uns liegt wahnsinnig viel „grüne Wiese". Wer die richtigen Strategien findet, exzellente Anwendungen produktiv bringt und damit völlig neue Ansätze in der Softwareentwicklung erfolgreich umsetzt, auf den warten goldene Jahre.

Aufbruch zu neuen Welten – Ozean der Unschärfe

Bevor wir uns der Praxis nähern, wollen wir uns an ein paar grundlegenden Einordnungen versuchen. In unseren Diskussionen innerhalb und außerhalb von Kundenprojekten stand immer wieder ein Begriff im Mittelpunkt: *Unschärfe*.

Was meinen wir damit? Beginnen wir mit einem eher abstrakten Exkurs über „Digitalisierung", wie wir sie bisher verstanden haben: Innerhalb eines beliebigen Anwendungsraums, beispielsweise einem Unternehmen, soll durch digitale Mittel Automatisierung und Effizienz erreicht werden. Dazu greift man einzelne, kleinere Problemstellungen heraus, und baut Systeme, die bei deren Lösung unterstützen.

So könnte zum Beispiel ein digitalisiertes Krankenhaus verschiedene Systeme nutzen: ein System für die Patientenverwaltung, eines für die Abrechnung, eines für die Terminplanung von Operationen. Jede Abteilung hat ihre eigene „digitale Insel", die klar definierte Prozesse effizient unterstützt. Ein klassisches Leitmotiv im Design digitaler Lösungen ist es dabei, im Sinne der Einfachheit und Allgemeingültigkeit, Ausnahmen und Unwägbarkeiten abzugrenzen. So wurde der Anwendungsraum in der Digitalisierungs-Vergangenheit nach und nach mit „Lösungs-Inseln" bevölkert, auf denen „Digitalisierung" stattfindet: Hier wird erfolgreich menschliche Arbeit skaliert bzw. automatisiert. Zwischen diesen Inseln bleibt jedoch ein ganzer Ozean von eben jenen bewusst abgegrenzten Unwägbarkeiten, Ausnahmen und äußeren Einflüssen, in dem *wir Menschen navigieren müssen*.

Zurück zum Beispiel des Krankenhauses. Zwischen unseren Systemen braucht es Menschen: Fachpersonal muss Befunde und Krankenhausberichte nachfordern und manuell prüfen, Pflegekräfte koordinieren, Entscheidungen abwägen. All das passiert nicht mehr in den Softwaremasken, sondern in Gesprächen, im Studium oder Erstellen von Dokumenten, in Telefonaten. Kurzum: Die Navigation durch den Ozean der Unwägbarkeiten, der weichen Prozesse, der spontanen Intervention übernehmen wir Menschen. *Wir* werden der Unschärfe Herr – und zwar über ein zentrales Werkzeug: Unsere natürliche Sprache. Unsere Metapher visualisieren wir in Abb. 1:

- Inseln: bestehende Anwendungen, Möglichkeiten der Automatisierung durch Digitalisierung
- Der Ozean dazwischen: Gebiet des Menschen, der Sprache – hier *kann* kein System aushelfen (zumindest vor GenAI).

Nun wollen wir keine Abhandlung über Linguistik oder die Psychologie der Sprache verfassen, aber jeder von uns kennt ihre Bedeutung: Sie ist die eine universelle Schnittstelle zwischen uns Menschen und Informationen, das Medium, auf dem Entscheidungen, Überzeugungen und Erkenntnisse stattfinden. In der Welt vor Generativer KI – wenn wir die zarten Gehversuche klassischer Methoden zur natürlichen Sprachverarbeitung (auch Natural Language Processing (NLP) genannt), einmal großzügig außen vor lassen – waren wir Menschen die einzigen, privilegierten Meister des Universalwerkzeugs „Sprache".

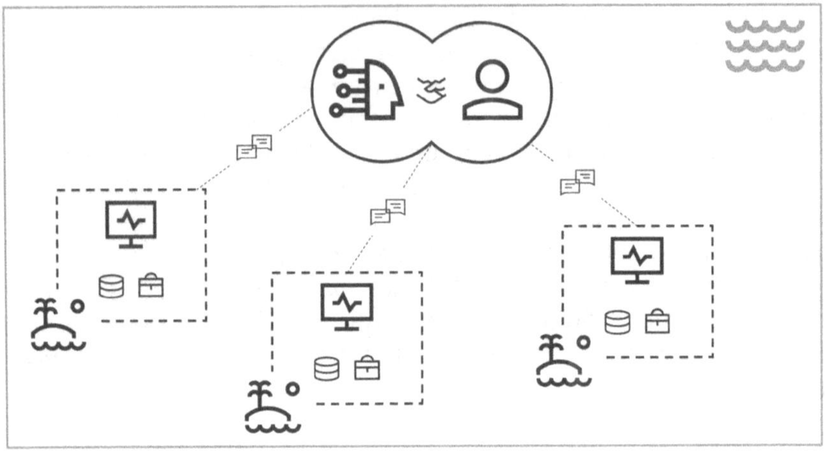

Abb. 1 Klassische Digitalisierung hat zu „Lösungsinseln" geführt, auf denen einzelne Aspekte menschlicher Arbeit automatisiert wurden. Im „Ozean der Unschärfe" zwischen diesen Inseln navigieren bis heute ausschließlich wir Menschen, indem wir Nichtmodelliertes durch die Flexibilität unserer Sprache beherrschen. Mit GenAI betritt ein neuer Partner diesen Raum. Unsere Sprache bleibt das Werkzeug.

Und eben genau das hat sich geändert, und hier liegt der Kern der Disruption durch GenAI: Unsere menschliche, natürliche Sprache hat sich – quasi über Nacht – auch zur Universalschnittstelle der Maschinen entwickelt:

- Sie erlaubt es uns, mit Maschinen direkt und ohne weitere Hilfsmittel zu kommunizieren.
- Sie stellt die Schnittstelle dar zwischen Maschinen und allen, jemals in natürlicher Sprache (und daraus abgeleiteten formalen Sprachen wie Programmiersprachen, Mathematik, ...) beschriebenen Informationen.
- Sie erlaubt es Maschinen erstmals, ebenfalls den Ozean der „Unschärfe" zwischen den klassischen Lösungsinseln der Automatisierbarkeit zu betreten.

Die damit verbundene Disruption der digitalen Welt bietet Unternehmen enorme Chancen für Automatisierung und Wachstum. Sie stellt Berufe, Rollen und Prozesse wie wir sie kannten auf den Kopf.

In unserem vorherigen Krankenhausbeispiel kann GenAI jetzt auch einen Teil der durch Digitalisierung „unlösbaren" Prozessschritte angehen: etwa aus vorhandenen Systemdaten automatisch einen Entlassungsbrief erzeugen, Abrechnungsinformationen prüfen und gleichzeitig einen verständlichen Nachsorgeplan für Patienten formulieren. Oder während der Visite „zuhören", die Kernaussagen strukturieren und gleich in die richtige Dokumentationsform überführen, inklusive To-Dos für Pflege oder weitere Diagnostik. Ohne Maschinen mit „Sprachverständnis" wären diese Aufgaben dem Menschen vorbehalten.

Sprache revolutioniert also unseren Lösungsraum und schafft Brücken zwischen den Inseln. Gleichzeitig gilt es die Unschärfe von Sprache mit all ihren Facetten wie Ambiguität und Subjektivität kontrollierbar und zielführend nutzbar zu machen. Das ist eine Herausforderung die weit über das hinausgeht, was wir aus klassischen Softwaresystemen kennen – ein radikales Umdenken ist erforderlich.

Ist jetzt alles GenAI? Nein! Teil jedes Hypes ist auch immer das Überziehen und Übertreiben, das Entstehen falscher Erwartungen. GenAI ist kein Ersatz klassischer Digitalisierung oder KI, sondern eine (enorme!) Erweiterung. Der überwiegende Teil aller heute bestehenden Lösungen ist durch GenAI nicht besser abbildbar. Der Fokus liegt auf dem Neuen: Auf der Anschlussfähigkeit an unsere menschliche Realität und unsere Alltagsbedürfnisse. Auf Sprache, Kommunikation, Zusammenarbeit.

Dieses Buch

Was wir dabei in den letzten Jahren gelernt haben und warum wir glauben, dass in der Welt der „Digitalisierung" kein Stein auf dem anderen bleiben wird, möchten wir in diesem Buch mit Ihnen teilen.

Unser Leitmotiv „Unschärfe" ist dabei ironischerweise der zentrale Kompass. Es wird uns durch viele Aspekte GenAI-basierter Software leiten und uns dabei helfen, den Kern der Herausforderungen zu verstehen – von der Anforderungsanalyse über die Architektur bis hin zur intuitiven Nutzung.

! Information

GenAI-basierte Software

Damit meinen wir jede Software, die in irgendeiner Form durch GenAI erstellte Inhalte als Teil ihrer Funktionsweise enthält. Das kann der klassische „AI-Chatbot" sein, an den die meisten zuerst denken werden, das wäre aber viel zu eng gefasst. Auch strukturierte Applikationen können durch GenAI recherchierte oder verdichtete Texte, Interpretationen, Bilder usw. enthalten. Einer eleganten Lösung sieht man es vielleicht überhaupt nicht an!

GenAI umfasst neben der Dimension Sprache weitere Modalitäten wie Bilder und Video. Wir fokussieren uns in diesem Buch aber bewusst auf erstere. Die Disruption „Digitalisierung natürlicher Sprache" betrifft nämlich nicht nur die direkte Fähigkeit der neuen Technologie, Sprache zu verstehen und Sprachartefakte als Ergebnis auszuliefern: Auch wie wir Menschen mit Technologie und miteinander über Software, in Projekten, in Prozessen usw. kommunizieren passiert über Sprache – und jeder dieser Bereiche ist von dieser technologischen Revolution betroffen!

Bereits hier manifestiert sich die Verschiebung von Regelbasiertheit zu Unschärfe auf allen Ebenen der Softwareentwicklung. Daher erlaubt uns die Auseinandersetzung mit LLM-basierten Projekten, Ableitungen und Ideen zu erarbeiten, die zukünftig auch für andere generative Elemente Gültigkeit haben.

Dieses Buch richtet sich an alle die mitreden, mitdenken und mitgestalten wollen. Es ist für Entwickler und Architektinnen, die technische Tiefe in dieser Challenge suchen. Für Produktverantwortliche, die neue Ansätze kennenlernen möchten. Für Designer und User Experience (UX)-Experts, die verstehen wollen, wie sich Benutzerinteraktionen durch KI verändern. Und für alle im Management, die die Richtung vorgeben – und nicht nur reagieren wollen.

> Gerade wer Verantwortung trägt, sollte verstehen, warum generative Systeme alte Gewissheiten auflösen – und wie man trotzdem handlungsfähig bleibt.

Wir schreiben dieses Buch, weil wir die ersten holprigen Schritte miterlebt haben, die Hypes und die Rückschläge – und vor allem die Erfolge, wenn es richtig gemacht wurde. Wir wissen, was funktioniert – und was nicht. Und vor allem wie. Dieses Wissen möchten wir weitergeben: praxisnah, ehrlich und mit einem klaren Blick auf die Realität.

Dieses Buch ist wie folgt aufgebaut:

- Die Kapitel **Emotionen im Fokus** und **Ambiguitätstoleranz – Der Umgang mit fehlender Eindeutigkeit** eröffnen die Reise und setzen den Ton. Wir starten mit dem psychologischen Fundament und stellen die Wirkung der neuen Technologie in den Vordergrund. Emotionen sind nicht Beiwerk, sondern Teil des Produkts. Wir machen klar: Softwareentwicklung mit GenAI ist kein rein technisches Unterfangen mehr – sie spielt sich auch in unseren Köpfen und Herzen ab. Zwischen emotionalen Reaktionen und dem produktiven Umgang mit Mehrdeutigkeit entsteht die erste Grundlage: Sprache erzeugt Nähe – und damit auch Verletzlichkeit. Gemeinsam bilden diese Kapitel den Einstieg in das zentrale Motiv des Buches: Unschärfe ist nicht Störgröße, sondern Material.

- Das Kapitel **Einschub – wie ticken LLMs eigentlich?** stellt ein konzeptionelles Grundverständnis darüber her, woraus sich die Eigenheiten, Potentiale und Grenzen der Technologie ergeben. Es trennt den ersten Teil des Buchs, der sich auf die Wirkung generativer KI auf uns Menschen konzentriert, vom zweiten Teil, der sich mit den konkreten praktischen Herausforderungen im Prozess der Softwareentwicklung befasst.
- Wir begeben uns in die Projektrealität mit dem Kapitel **Anforderungsanalyse – Navigieren im Nebel**. Hier beschreiben wir, wie sich klassische Methoden zur Erfassung von Anforderungen verändern müssen, um GenAI-Systeme sinnvoll zu gestalten. Wir analysieren, wie der Fokus auf Szenarien, Wirkung und erlebbare Anforderungen gesetzt werden muss anstatt auf Spezifikationen.
- Das Kapitel **Product Ownership – Ownen der Unsicherheit** untersucht die neue Führungsrolle in GenAI-Projekten - Product Owner werden zu „Uncertainty Specialists". Es geht um das Navigieren im Nebel, das Aushandeln statt Abhaken und die Entscheidung darüber, wann eine Funktionalität gut genug („Good enough") ist. Spoiler: Es wird nicht einfacher!
- Das Kapitel **UX für das Ungewisse** ist die gestalterische Antwort auf die zuvor stattfindenden Kapitel zu Emotionen, welche die psychologische Grundlage dazu bilden. Gestaltung heißt plötzlich: Vertrauen entwerfen. Dieses Kapitel entwickelt eine UX-Logik für Systeme, die nicht deterministisch, sondern dialogisch arbeiten. Sprache wird interface, Einblicke ins Denken ersetzen klassische Transparenz. Es verbinden sich Emotion und Gestaltung zur eigentlichen Erfahrung.
- Im Kapitel **Softwarearchitektur – Das Unkontrollierbare kontrollieren** diskutieren wir, wie sich klassische Architekturprinzipien erweitern lassen, um mit unstrukturierten Daten, Agentensystemen und semantischer Steuerung zu arbeiten. Der scheinbar trockene Kern bekommt eine neue Farbe: Wie kontrolliert man das Unkontrollierbare?
- Das Kapitel **Software Engineering neu gedacht** greift zentrale Fragen der technischen Umsetzung auf. Wir blicken hier in die Werkstatt. Was heißt Softwareentwicklung, wenn Fachlichkeit nicht mehr im Code, sondern in Prompts steckt? Rollen verschwimmen, Entwicklung wird zu Übersetzung. Ein neues Skillset entsteht: Intuition für LLMs, systemisches Denken und die Bereitschaft, Unschärfe zu steuern statt sie zu zähmen.
- Mit dem Kapitel **Qualität: Von exakter Gleichheit zu vertrauenswürdiger Unschärfe** bekommt „good enough" seine technische Tiefe. Von semantischem Testing bis zu emotionaler Wirkung: Wir zeigen, dass sich Qualität nicht mehr binär prüfen lässt, sondern zum kontinuierlichen Dialog wird. Das Testen selbst wird unscharf und eine statistische Disziplin. Neue Werkzeuge,

etwa LLMs, die LLMs prüfen und Ausrichtung an menschlichen Präferenzen werden die neuen zentralen Hebel für die Testautomatisierung.

- Unser Kapitel **Sicherheit: Schutzmauern für LLMs errichten** handelt von keinem romantischem Thema, ist aber überlebenswichtig: Prompt Injection, Guardrails, Berechtigungskonzepte. Sicherheit im Zeitalter der Sprache bedeutet nicht nur Firewalls, sondern auch Schutz vor semantischen Angriffen und die Akzeptanz, dass absolute Kontrolle Illusion bleibt.
- Das Kapitel **Toolgestützte Praxis** ist ein Meta-Kapitel für das neue Software Engineering und die Art wie Code entsteht: Von Ergebnisoffenheit über den vermeintlichen Niedergang der Codequalität bis zum Blick nach vorn. Der Fokus von Entwicklungsteams verschiebt sich von der Implementierung hin zur Bewertung von generiertem Code. Hier wird deutlich: Wir schreiben keine Tools, sondern Möglichkeitsräume.
- Mit dem Kapitel **Ausblick: Multimodalität und was noch kommt** schließen wir unsere Tour und öffnen zum Abschluss nochmal die Perspektive: Wenn Text, Bild, Ton und vielleicht bald Geruch oder Haptik in dieselben Modelle einfließen, wird die Unschärfe nicht kleiner, sondern größer, aber auch reichhaltiger. Wir runden diesen Ausblick ab mit praktischen Erfahrungen, Tool-Überblicken und einem Blick in die Zukunft multimodaler Systeme.
- Das Kapitel **Ausblick Reloaded: eine Vision zur KI-nativen Organisation** zeigt ein neues Bild von Unternehmen, die KI ins Zentrum ihrer Handlungen und Identität stellen, hin zu KI-nativen Organisationsformen. Teams bestehen nicht mehr nur aus Menschen, sondern auch aus Agenten, die gemeinsam handeln und entscheiden. Der Wert menschlicher Arbeit liegt künftig in Empathie, Urteilskraft und Sinnstiftung – das Fundament einer neuen Form von Zusammenarbeit.
- Wir enden klassisch mit einem Wrapup im Kapitel **Zusammenfassung (the End)** und mit einem ehrlichen Geständnis: „Fertig" ist es nie. „Gut genug" ist ein Aushandlungsprozess. Und genau das ist der Kern unseres Themas und des Zeitalters der Unschärfe.

Wir haben das Buch so geschrieben, dass es als Reise gelesen werden kann (Kapitel für Kapitel durch das GenAI Zeitalter). Jedes Kapitel steht jedoch auch für sich und kann genauso gut einzeln gelesen werden – je nachdem, wo Sie gerade andocken wollen oder was Sie gerade umtreibt.

Emotionen im Fokus

Die emotionale Dimension technischer Systeme

Software war nie ein rein rationales Feld – und doch wurde sie oft so behandelt[1]. Anforderungen wurden spezifiziert, Systeme entworfen, Funktionen implementiert. Die Interaktion mit IT-Systemen wurde primär über funktionale Kriterien bewertet: Ist das System effizient, zuverlässig, skalierbar? Emotionen galten, wenn überhaupt, als Thema der (UX) – etwas, das man gestalten konnte, aber selten als konstitutiver Teil des Produkts.

Mit generativer KI verändert sich diese Gleichung fundamental. Denn nun entsteht eine neue Klasse von Systemen: solche, die sprechen. Systeme, die sich in Sprache ausdrücken, auf Tonalität reagieren und Kontexte aktiv aufnehmen. Die Interaktion mit ihnen ist kein funktionaler Akt mehr – sie ist ein Gespräch. Und Gespräche folgen anderen Regeln als technische Bedienhandlungen [1].

Ein neuer Maßstab rückt in den Vordergrund: *Wirkung*.

! Information

Wirkung

Wenn wir in diesem Buch von Wirkung sprechen (was wir im Folgenden sehr oft machen), meinen wir mehr als nur eine fertige Lösung, Output oder Ergebnis. Wirkung entsteht auf der Empfängerseite, auf der Seite der Nutzung: wie ein System erlebt, verstanden und genutzt wird - im Zusammenspiel mit Men-

[1] Um ehrlich zu sein: Im Kollegenkreis gab es auch vor GenAI Diskussionen bis hin zu der Frage: Reden wir bei Softwareentwicklung von einer Ingenieursdisziplin? Oder entzieht sich unser Beruf so stark der Empirie, dass wir uns eher als „Kreativschaffende" bezeichnen sollten? Diese Diskussion wäre aber wohl ein eigenes Buch wert …

T. Pfattheicher et al., *When is it good enough? – Softwareprojekte im Zeitalter generativer KI*,
https://doi.org/10.1007/978-3-658-50100-6_2

schen, Prozessen und Organisationen und entzieht sich der rein funktionalen Beschreibung.

Wir meinen hier viele Dimensionen:

- **Veränderungskraft**: die wirkliche Größe der Veränderung und mehrdimensionale Auswirkung einer Lösung
- **Emotionale Resonanz**: wie etwas bei Menschen ankommt, was es auslöst, welche emotionale Resonanz es erzeugt
- **Prozesswirkung**: wie eine Lösung wahrgenommen wird, wie sie Prozesse verändert, wie sie Personen entlastet oder Entscheidungen unterstützt
- **Effizienz und Ökonomie**: wie Systeme Zeit, Kosten oder Aufwände reduzieren, neue Umsatzchancen eröffnen oder messbare Qualität schaffen
- **Kultur und Strategie**: wie Organisationen mutiger, innovativer oder zukunftsfähiger werden, weil neue Modelle und Arbeitsweisen entstehen

---

Wirkung ist damit weder rein technisch noch rein emotional – sondern die Verbindung aus beidem. Sie entsteht dort, wo Technologie spürbar einen Mehrwert schafft, den Unterschied, den ein System in der Realität macht.

Sprache erzeugt Nähe

Sprache ist nicht neutral. Wenn ein System ganze Sätze formuliert, entsteht sofort ein Eindruck von Haltung. Menschen interpretieren Tonfall, Wortwahl, Struktur – auch wenn die Äußerung maschinell erzeugt ist. Diese Nähe zur menschlichen Kommunikation öffnet eine neue Beziehungsebene: Wir lesen Absichten, Empathie oder Arroganz in Antworten hinein – selbst wenn keine dahintersteckt [2].

Diese Wirkung ist psychologisch tief verankert und drückt sich z. B. aus in:

- **Intentionalitätsillusion**: Wir schreiben der Maschine Absichten zu, wo nur Musterverarbeitung stattfindet: Unser Staubsaugerroboter, der mehrfach gegen den Stuhl fährt, wirkt „stur" – dabei wiederholt er nur seine Routine.
- **Affektive Resonanz** [3]: Formulierungen lösen Gefühle aus – Zustimmung, Verwirrung, Frust oder Überraschung. Ein freundliches „Guten Morgen!" von einem Chatbot kann sich anders anfühlen als ein nüchternes „Anfrage bestätigt".

- **Verletzbarkeit**: Besonders in sensiblen Kontexten kann eine „kühle" oder unangemessene Antwort als persönliche Kränkung erlebt werden – nicht als technische Schwäche. Auf eine lange, mühsam formulierte Frage fühlt sich ein „Unklar. Bitte neu formulieren!" abweisend an – auch wenn der Bot vermutlich technisch korrekt antwortet.

Der emotionale Einstieg

Die erste Begegnung mit einem System wie ChatGPT ist für viele ein Aha-Moment. Ein Satz – und das System antwortet klug, flüssig, souverän. Es ist der Moment, in dem technische Erwartungen von etwas anderem abgelöst werden: Staunen. Doch diese Schwelle zur Begeisterung ist volatil. Denn mit jedem Staunen wächst auch eine Erwartung. Und die erste Irritation – eine unpassende Antwort, eine Halluzination – kann diese Erwartung ins Gegenteil verkehren.

Dieses Phänomen ist kein UX-Detail. Es ist ein psychologischer Kern der Interaktion mit generativen Systemen: Ihre Wirkung ist nicht bloß kognitiv, sondern affektiv. Und genau dadurch sind sie mächtig – aber auch brüchig.

Zusammenfassend lässt sich sagen: Sprachsysteme werden als soziale Gegenüber behandelt. Nicht vollständig, nicht bewusst – aber implizit. Unser Gehirn erkennt Gesprächsverhalten, und es schaltet in soziale Muster um.

Die Folgen sind tiefgreifend:

- **Anthropomorphisierung** [2]: Maschinen werden Persönlichkeitsmerkmale zugeschrieben – freundlich, genervt, hilfsbereit. Ein Chatbot beispielsweise, der eine nette Geste wie „Kein Problem, das mache ich gern!" ausspielt, wird als zuvorkommend und hilfsbereit erlebt – so, als hätte er wirklich Lust, zu helfen.
- **Erwartungsprojektion**: Von sprechenden Systemen erwarten wir Rücksicht, Klarheit, Konsistenz. Wenn ein Bot im ersten Satz siezt und im zweiten duzt, entsteht Irritation.
- **Emotionale Reaktion**: Wir reagieren nicht mehr nur auf Funktionen, sondern auf das Verhalten. Ablehnung, Sympathie, Misstrauen – all das entsteht spontan. Ein Support-Bot, der sofort und schnell Verständnis signalisiert, kann Frust abmildern, selbst wenn er das Problem noch nicht löst.

Diese Reaktionen sind kein Nebeneffekt, sondern Teil der Wirkungskette. Sie prägen die Wahrnehmung des Systems mehr als seine sachliche Korrektheit.

Wenn wir von Emotionen und Begeisterung oder sogar einem „Wow-Moment" in der Interaktion mit KI sprechen, dann sind das keine reinen Schlagwörter. Gemeint ist eine echte, spürbare, menschliche, emotionale Reaktion. Sie kann sich darin zeigen, dass sich neue Perspektiven eröffnen, unerwartet neue Möglichkeiten auftauchen, uns mitten ins Geschehen hineinzieht, ein Schmunzeln auslöst oder einfach nur überrascht. Momente, in denen klar wird, dass hier mehr passiert als reine Funktionserfüllung. Wir erleben etwas, das wir bisher nur von Menschen kannten (Sprache und Kreativität) plötzlich von einem System. Wie wir von Menschen inspiriert werden, können wir auch hier inspiriert werden, weil etwas uns persönlich berührt, neue Gedankenräume aufstößt und spürbar macht, dass sich unsere Beziehung zu Technologie verschiebt.

Vertrauen entsteht im Erleben

Die emotionale Hauptwährung dieser Systeme ist Vertrauen – aber nicht mehr im klassischen Sinn. Wo früher Verlässlichkeit durch Wiederholbarkeit entstand (gleiche Eingabe = gleiche Ausgabe), erleben wir jetzt Systeme, die bewusst variieren. Die nicht vorhersehbar sind – aber wiedererkennbar. Vertrauen muss sich hier neu definieren: nicht als Kontrolle, sondern als stimmiges Erleben.

Ob ein System als vertrauenswürdig empfunden wird, entscheidet sich in Fragen wie:

- Fühle ich mich verstanden?
- Wirkt die Antwort konsistent – in sich, im Kontext, im Ton?
- Kann ich antizipieren, wie das System auf meine Eingabe reagiert?
- Gibt es Spielraum für Korrektur, für Dialog?

Diese Fragen sind zutiefst emotional. Vertrauen entsteht nicht durch technische Exaktheit – sondern durch glaubwürdige Beziehungsgesten. Durch das Gefühl, dass das System nicht perfekt ist, aber bemüht. Und das ist vielleicht die größte Verschiebung: Nicht Effizienz entscheidet über Akzeptanz – sondern Resonanz.

Die Gestaltung emotionaler Wirkung

Generative Systeme wirken emotional – nicht, weil sie Gefühle haben, sondern weil sie Gefühle auslösen. Diese Unterscheidung ist zentral. Sie schützt vor der Fehlannahme, wir hätten es mit „fühlenden Maschinen" zu tun. Und sie hilft, Gestaltung bewusst als das zu denken, was sie ist: eine Form der Wirkungskontrolle in unscharfen, interaktiven Räumen.

Die Frage ist nicht: Ist das System empathisch? Sondern: Wird es als empathisch erlebt – und warum?

In dieser Verschiebung liegt eine neue Verantwortung. Denn Gestaltung wirkt nicht mehr nur funktional, sondern psychologisch. Schon kleine Unterschiede in Tonalität, Wortwahl oder Antworttempo können dazu führen, dass User sich ernst genommen – oder abgewiesen fühlen [3]. Das betrifft insbesondere multimodale Systeme, etwa sprachbasierte Assistenten: Eine freundlich modulierte Stimme kann beruhigend wirken, eine monotone Stimme kann Distanz oder Irritation erzeugen. Dieselbe Aussage – „Ich verstehe Ihre Anfrage" – kann trösten oder provozieren, je nach Stimmlage und Kontext.

Gerade in sensiblen Anwendungsbereichen – Gesundheit, Bildung, Beratung – entscheidet diese emotionale Textur der Interaktion darüber, ob ein System akzeptiert wird. Es geht nicht um Simulation von Menschlichkeit, sondern um stimmige Anschlussfähigkeit: Das Gefühl, dass das System mich ernst nimmt, in meiner Sprache antwortet, und auf meine Lage angemessen reagiert.

Authentizität und der schmale Grat zur Manipulation

Je emotional anschlussfähiger ein System wird, desto größer wird die Gefahr gezielter Wirkungserzeugung – ob beabsichtigt oder nicht. Systeme, die mit Nähe und Empathie arbeiten, bewegen sich auf einem schmalen Grat: Zwischen authentischer Resonanz und strategischer Manipulation. Wenn ein System Zuneigung suggeriert, um Vertrauen zu fördern – wem nützt das? Und wie freiwillig ist die emotionale Reaktion der User?

Hier zeigt sich die ethische Tiefe emotionaler Systeme. Nicht die Simulation von Gefühlen ist das Problem – sondern der Mangel an Transparenz darüber, was echt ist und was nicht. Gute Gestaltung erkennt diese Ambivalenz an – und entscheidet sich bewusst für klare Kommunikationskonventionen, statt affektive Reaktionen im Ungefähren zu belassen.

Noch bevor wir überhaupt die Motorhaube öffnen und auf die Herausforderungen und Inhalte von GenAI-basierten System blicken, lässt sich also bereits feststellen: Schon der Zugang zu diesen Systemen über unsere natürliche Sprache hat eine völlig neue Wirkung auf den User. Das Buch der UX muss neu geschrieben werden.

Key Findings

- **Sprache ist Beziehung**:
  Generative Systeme treten nicht mehr als rein technische Werkzeuge auf, sondern als kommunikative Gegenüber, als Gesprächspartner. Jede Antwort wird nicht nur kognitiv, sondern auch emotional verarbeitet und als Ausdruck

einer „Haltung" gelesen. Deshalb muss Tonalität bewusst gewählt und konsistent sein.

- **Vertrauen entsteht situativ**:
  Vertrauen entsteht nicht durch Wiederholbarkeit, sondern durch stimmige, glaubwürdige Resonanz im Dialog und auf Basis konsistenter, nachvollziehbarer Antworten. Also besser erkennbar „bemüht, aber offen" auftreten als perfekt wirken, ohne Einordnung zu bieten.
- **Emotionen sind systemrelevant**:
  Affektive Reaktionen wie beispielsweise Sympathie, Misstrauen oder Irritation prägen die Wahrnehmung stärker als sachliche Korrektheit und rein funktionale Kriterien.
- **Gestaltung wirkt psychologisch**:
  Tonalität, Wortwahl, Antwortstruktur und Rhythmus sind nicht bloß Stilfragen, sondern prägende Einflussfaktoren für Akzeptanz und Bindung und sind zentrale Parameter für die Nutzerwahrnehmung.
- **Ethische Verantwortung**:
  Je stärker Systeme Nähe erzeugen, desto größer die Gefahr unbeabsichtigter oder gezielter Manipulation. UX muss Transparenz schaffen und Erwartungen ehrlich steuern.

Literaturverzeichnis

[1] Asbjørn Følstad and Petter Bae Brandtzæg. Chatbots and the New World of HCI. *Interactions*, 24(4):38–42, June 2017. ISSN 1072-5520. doi: 10.1145/3085558. URL https://doi.org/10.1145/3085558.

[2] Nicholas Epley, Adam Waytz, and John T. Cacioppo. On Seeing Human: A Three-Factor Theory of Anthropomorphism. *Psychological Review*, 114(4):864–886, October 2007. ISSN 0033-295X. doi: 10.1037/0033-295X.114.4.864.

[3] Theo Araujo. Living up to the Chatbot Hype: The Influence of Anthropomorphic Design Cues and Communicative Agency Framing on Conversational Agent and Company Perceptions. *Computers in Human Behavior*, 85:183–189, 2018. ISSN 0747-5632. doi: https://doi.org/10.1016/j.chb.2018.03.051. URL https://www.sciencedirect.com/science/article/pii/S0747563218301560.

Ambiguitätstoleranz – Der Umgang mit fehlender Eindeutigkeit

Ein produktiver Umgang mit Unschärfe

Vorweg: Selbstverständlich ist und bleibt Klarheit eine wichtige Währung auf allen Ebenen der Zusammenarbeit – auch in Digitalisierungsprojekten. Wovon wir uns aber beim Umgang mit generativer KI verabschieden müssen ist der Wunsch, Klarheit durch kleinteilige, eindeutige Spezifikation zu erreichen.

In vielen Projekten kommt irgendwann der Punkt, an dem jemand sagt: „Wir brauchen jetzt einfach mal eine Entscheidung." Oft ist dieser Satz nachvollziehbar: Projekte müssen vorankommen. Dringende Features müssen fertig werden. Irgendwann muss etwas funktionieren, richtig sein, live gehen, Nutzen bringen. Doch schon im klassischen Software Engineering war Klarheit nie leicht zu erreichen. Es war stets ein Aushandlungsprozess zwischen Wunsch und Realität. Im Zentrum dieses Prozesses steht in agilen Projekten die „User Story", die sich ja eigentlich als Basis einer Diskussion zwischen Stakeholdern und Umsetzenden versteht [1]. Es war schon immer ein Missverständnis – auf Kosten der Qualität des Endprodukts – Eindeutigkeit und Entscheidungskraft durch möglichst frühzeitige, kleinteilige Spezifikation zu erreichen.

Dort, wo jetzt mit GenAI gearbeitet wird, ist Eindeutigkeit erst recht nicht komplett erreichbar – jedenfalls nicht im klassischen Sinn. GenAI-Projekte konfrontieren uns mit einer neuen Art von Unbestimmtheit. Nicht, weil wir plötzlich „weniger wissen" – sondern weil die Systeme mit sprachlicher Offenheit, Kontextnähe und Bedeutungsvielfalt operieren. Was früher eine Ausnahme war, ist heute Alltag: Zwei Personen stellen dieselbe Frage an ein Werkzeug – und erhalten zwei plausible, aber unterschiedliche Antworten. Das ist kein Fehler. Es ist der neue Normalfall. Und damit beginnt die Herausforderung: Können wir mit dieser Mehrdeutigkeit arbeiten, statt sie vorschnell aufzulösen?

Der Begriff Ambiguität bezeichnet nicht bloß Unklarheit oder Unsicherheit. Er verweist auf das gleichzeitige Nebeneinander unterschiedlicher, gültiger In-

T. Pfattheicher et al., *When is it good enough? – Softwareprojekte im Zeitalter generativer KI*,
https://doi.org/10.1007/978-3-658-50100-6_3

terpretationen. Während Unschärfe eine weiche Kontur beschreibt und Unklarheit auf fehlende Information hinweist, ist Ambiguität die Spannung zwischen Alternativen, die sich gegenseitig nicht auflösen. Ambiguitätstoleranz meint die Fähigkeit, diese Spannung nicht vorschnell zu neutralisieren, sondern sie auszuhalten, zu bearbeiten und gestalterisch zu nutzen.

Unschärfe ist nicht das Problem, sondern das Material

Betrachten wir ein einfaches Beispiel: In einem Kundenprojekt geht es darum, ein LLM für die Beantwortung interner Supportanfragen zu konfigurieren. Der Prompt lautete sinngemäß:

„Formuliere eine freundliche und hilfreiche Antwort auf eine Frage zur Reisekostenabrechnung." Zwei Testläufe ergaben folgende Varianten:

- Variante A: „Gerne helfe ich dir weiter. Bitte prüfe zunächst, ob alle Belege vollständig hochgeladen wurden."
- Variante B: „Hey! Ich schau mir das mal für dich an. Kannst du mir sagen, ob alle Quittungen schon drin sind?"

Beide Varianten sind funktional korrekt, höflich und sachlich – aber in Tonalität und Rollenbild sehr unterschiedlich. Welche Antwort ist „besser"? Das hängt vom Nutzungskontext, der Unternehmenskultur und den Erwartungen der Zielgruppe ab. Diese Unentscheidbarkeit ist kein Fehler – sie ist der Kern der Herausforderung.

Ambiguität ist dabei nicht ein störender Nebeneffekt, den man irgendwie ausmerzen müsste. Sie ist der eigentliche Boden, auf dem die revolutionären Lösungen operieren, die die klassischen Grenzen von Digitalisierung sprengen werden. Stellen Sie sich statt des einfachen Beispiels zur Reisekostenabrechnung ein System vor, das den User interaktiv bei einer ergebnisoffenen, inhaltlichen Recherche unterstützt, indem es beispielsweise einen unübersichtlichen Schatz unternehmenseigener sowie öffentlich verfügbarer Daten für eine Unterhaltung bereitstellt („talk to your data"). Auch hier muss die inhaltliche Richtigkeit der Antworten gewahrt sein, aber Unterschiede in Formulierung und Tonalität können den User auf andere Ideen und letztendlich ganz unterschiedliche Reisen schicken. Die Ergebnispfade divergieren – und genau das ist bei einer öffnenden Fragestellung gewünscht! Dieses Verhalten entsteht emergent durch die Unschärfe von Sprache und ist mit klassischen Regelwerken und Algorithmik nicht realistisch abbildbar.

Die Fähigkeit zur offenen, kontextabhängigen, emergenten Antwort ist also kein Makel, sondern ein Wesenskern von Sprachmodellen. Dementsprechend darf auch unser Umgang mit diesen Systemen nicht darauf abzielen, sie zu

„bändigen“ wie ein Tier, sondern sie sinnvoll zu rahmen, zu begleiten und zu strukturieren – im Wissen, dass sie in diesem Rahmen mit eigener Semantik handeln werden.

Neue Herausforderungen an Entwicklungsteams

Was wir also brauchen ist nicht, einen gefühlten Verlust von Kontrolle zu heilen, sondern die Fähigkeit, mit Unklarheit und Unschärfe umzugehen, ohne sie sofort beseitigen zu wollen. Die Fähigkeit, Mehrdeutigkeiten auszuhalten, ohne in Panik zu verfallen. Die Fähigkeit, Zwischenstände als Fortschritt zu akzeptieren. Diese Fähigkeit hat einen Namen – und sie ist zum Schlüssel in der Arbeit mit GenAI geworden: *Ambiguitätstoleranz*.

Der Begriff der Ambiguitätstoleranz stammt ursprünglich aus der Persönlichkeitspsychologie [2]. Gemeint ist die Fähigkeit eines Menschen, mehrdeutige, widersprüchliche oder unsichere Situationen auszuhalten, ohne in Stress, Überkontrolle oder Rückzug zu verfallen.

In der Welt mit LLMs wird diese Eigenschaft plötzlich systemisch relevant: Teams müssen Entscheidungen treffen, ohne alle Informationen zu kennen und mit unscharfen Anforderungen und Ergebnissen klarkommen. Aus vielen Projektkontexten wissen wir: Herausforderungen entstehen dabei weniger durch technische Grenzen, sondern häufig durch eine fehlende methodische oder organisationale Anschlussfähigkeit an diese neue Form von Unschärfe. Immer wieder lassen sich ähnliche Muster beobachten:

- Die Sehnsucht nach „dem einen richtigen Prompt“, der alles löst
- Frustration, weil das Verhalten eines Systems nicht vollständig kontrollierbar ist
- Druck, sich auf eine „finale“ Lösung festzulegen, obwohl das System bewusst iterativ gebaut wurde
- Versuch, Qualität über deterministische Testmethoden zu sichern – wo Wirkung das entscheidende Kriterium wäre

In all diesen Fällen liegt kein inhaltlicher oder technischer Fehler vor, sondern vielmehr ein Unverständnis für die neue Form von Software.

Ambiguität ist kein rein kognitives Phänomen – sie ist emotional spürbar. Wenn Dinge nicht eindeutig sind, entsteht Unruhe. Wo vorher Sicherheit war, entsteht Unklarheit. Und genau das ist für uns Menschen anstrengend. Unser Gehirn liebt Muster, klare Kausalitäten, erwartbare Reaktionen. In Situationen mit hoher Ambiguität fehlt genau das: Es gibt kein eindeutiges Feedback, keine stabile Prognose. Die logische Folge:

- Wir fühlen Kontrollverlust
- Wir spüren Reibung zwischen unserem inneren Weltbild und der äußeren Realität
- Und wir greifen zu Strategien, die sich kurzfristig beruhigend anfühlen – aber langfristig unproduktiv sind: vorschnelles Entscheiden, Abwerten von Optionen, Rückzug in alte Konzepte

Ambiguität ist damit nicht nur ein Problem der Methode – sie ist eine Situation für das Nervensystem. Sie macht gereizt, ungeduldig, misstrauisch. Sie stellt unser Bedürfnis nach Eindeutigkeit infrage. Und das ist insbesondere in komplexen Projekten eine stille, aber dauerhafte Belastung.

Dabei ist wichtig: Ambiguität ist nichts völlig Neues, das erst mit GenAI in unser Leben tritt. Wir alle navigieren ständig durch Mehrdeutigkeiten – in Sprache, in sozialen Interaktionen, in Wahrscheinlichkeiten, in unseren Annahmen über die Welt (und nicht zuletzt im Umgang mit anderen Menschen, die uns manchmal schlicht unverständlich erscheinen). Dieses Maß an Unschärfe ist alltäglich und wir halten es selbstverständlich aus. Was die Arbeit mit digitalen Systemen jedoch so herausfordernd macht, ist ein anderes Dogma: Wir haben uns daran gewöhnt, von nicht-menschlichen Lösungen ein Extremmaß an Klarheit zu erwarten. Nur eine richtige Antwort, ein „korrektes" Verhalten, deterministische Reaktionen.

Und jetzt kommen die „good news": Ambiguitätstoleranz ist keine Frage des Charakters oder Talents. Sie ist erlernbar, gestaltbar, operationalisierbar [3]. In GenAI-Projekten bedeutet das konkret:

- Den Lernprozess annehmen. Egal, wie viel Erfahrung man mitbringt.
- Feedback als iteratives Steuerungsinstrument etablieren, nicht als Korrekturmaßnahme
- Transparenzräume schaffen: Woher kommt die Antwort? Wie sicher ist das Modell? Warum kann es sich irren?
- Bewertung durch Wirkung, nicht durch Erwartung: Ist die Antwort hilfreich? Verständlich? Nützlich im Kontext?
- Spielräume anerkennen, darüber sprechen und sichtbar machen: Systemverhalten als Spannungsfeld, nicht als Linie

Der Umgang mit Ambiguität lässt sich nicht einfach in Methoden oder Tools abbilden, er muss kulturell verankert werden. Dazu brauchen wir mutige Projektvisionen. Wenn Führungskräfte von KI-Teams Planbarkeit wie bei klassischen IT-Projekten einfordern und entsprechend „managen", erzeugen sie Unmöglichkeit und Stress – definitiv keine Qualität.

Führung in GenAI-Projekten bedeutet nicht, von Anfang an vermeintliche Klarheit zu schaffen – sondern Räume zu ermöglichen, in denen mit Mehrdeutigkeit verantwortungsvoll umgegangen werden kann. Das umfasst bewusst gestaltete Dialoge, den Schutz explorativer Phasen, das Zulassen widersprüchlicher Perspektiven. Ambiguitätstolerante Führung erlaubt es Teams, sich unsicher zu sein – ohne handlungsunfähig zu werden.

Wir plädieren an dieser Stelle auch klar dafür – ganz im ursprünglichen agilen Sinne – den Dialog über die Anforderung wieder in den Mittelpunkt zu stellen anstatt ihn als lästige Koordinationsaufgabe zu sehen, der man durch vermeintliche Klarheit im Kleinteiligen beikommen könnte.

Ein zentraler Hebel ambiguitätstoleranter Führung ist nämlich die Definition von Zielen über *Wirkung*, nicht über Vorgehen oder technische Inhalte. Statt detaillierter Pläne geht es darum, ein Zielbild zu entwerfen, das Wirkung beschreibt: Welcher Impact soll erreicht werden? Was verändert sich für wen? Kleinteilige Anforderungen leiten sich dynamisch und kontinuierlich aus dieser Vision ab – sie sind dienende Strukturen, keine Selbstzwecke. Das klingt selbstverständlich – und wird doch in der Praxis häufig vergessen. Wer Kontrolle über das Wie erzwingen will, verhindert Reife im Warum. Erste Schritte zu ambiguitätstoleranten Organisationen können sein:

- Wirkung in Ergebnissen steht über inhaltlichen und formalen Anforderungen
- Mut zum Provisorium haben
- Exploration als legitime Arbeitsform akzeptieren
- Unsicherheit nicht als Mangel, sondern als Teil des Fortschritts betrachten
- Entscheidungskompetenz auch bei unvollständiger Informationslage zulassen

Die Systeme, die wir heute bauen, leben in einem Zwischenraum: zwischen Sprache und Logik, zwischen Algorithmus und Interpretation, zwischen Mensch und Maschine.

Um in diesem Zwischenraum zu gestalten, braucht es nicht nur technisches Können, sondern eine neue Form von innerer Haltung. Ambiguitätstoleranz ist keine persönliche Schwächekompensation, sondern eine kollektive Kulturtechnik. Sie erfordert psychologische Sicherheit, Dialog, gute Übersetzung zwischen Domänen, und das Vertrauen darauf, dass Sinn nicht am Anfang steht – sondern am Ende des Gestaltungsprozesses. Entscheidend ist, ob wir Systeme so bauen, dass sie diese Aushandlungsräume sichtbar machen – und ob wir als Menschen bereit sind, sie zu betreten.

Key Findings

- **Mehrdeutigkeit ist der Normalzustand**
  GenAI-Anwendungen operieren und liefern ihre Ergebnisse in offenen Bedeutungsräumen; dies ist Teil ihrer Funktionsweise. Planung, Tests und Reviews müssen berücksichtigen, dass Systeme gleichwertig plausible, aber unterschiedliche Antworten geben.
- **Offenheit produktiv nutzen**
  Unterschiedliche Antwortvarianten können zum Vorteil genutzt werden, Inspiration fördern und explorative Arbeit beschleunigen – wenn man bewusst darauf vorbereitet.
- **Projektführung muss Unsicherheit einplanen**
  Statt frühe Detailfestlegung oder erzwungene scheinbare Sicherheit: Wirkungsziele definieren, Räume für Aushandlung schaffen, Entscheidungsspielräume lassen, ununterbrochen Anpassung zulassen und sogar fördern.
- **Qualität über Wirkung messen**
  Bewertet werden sollte, ob eine Antwort im Kontext nützlich, verständlich und anschlussfähig ist und nicht nur, ob sie „richtig" ist. Anforderungen sollten auf angestrebte Wirkungen abzielen; Detailentscheidungen ergeben sich im Entwicklungsprozess.
- **Kulturelle Verankerung nötig**
  Ambiguitätstoleranz entsteht nicht von selbst, sie braucht psychologische Sicherheit, offene Dialogformate und die Akzeptanz, dass nicht jede Entscheidung sofort eindeutig sein muss. Dieser Soft Skill wird zum Kern unserer Projekte und unserer Zusammenarbeit. Entsprechend sollten wir Organisationskultur und Führungsverhalten aktiv auf den Umgang mit Unschärfe ausrichten.

Literaturverzeichnis

[1] Kent Beck, Mike Beedle, Arie van Bennekum, Alistair Cockburn, Ward Cunningham, Martin Fowler, James Grenning, Jim Highsmith, Andrew Hunt, Ron Jeffries, Jon Kern, Brian Marick, Robert C. Martin, Steve Mellor, Ken Schwaber, Jeff Sutherland, and Dave Thomas. Manifesto for Agile Software Development, 2001. URL http://www.agilemanifesto.org/.

[2] E. Frenkel-Brunswik. Intolerance of Ambiguity as an Emotional and Perceptual Personality Variable. *Journal of Personality*, 18:108–143, 1949. doi: 10.1111/j.1467-6494.1949.tb01236.x.

[3] Adrian Furnham and Tracy Ribchester. Tolerance of Ambiguity: A Review of the Concept, its Measurement and Applications. *Current Psychology*, 14: 179–199, 1995. URL https://api.semanticscholar.org/CorpusID:143672097.

Einschub – wie ticken LLMs eigentlich?

Ein Exkurs in die Funktionsweise von LLMs

Bevor wir tiefer in die Projektpraxis einsteigen, ein kurzer Halt: Wie ticken Sprachmodelle eigentlich? In diesem Kapitel wollen wir ein grundlegendes Verständnis über die Wirkungsweise von LLMs schaffen. Ohne dieses Verständnis wird es nicht immer gelingen, sicher durch den Raum der Konzepte zu navigieren, den wir in den folgenden Kapiteln gemeinsam öffnen werden. Genauso schwer wird es fallen, souverän und mit dem Blick für das Wesentliche die Herausforderungen in echten Projekten zu meistern – strategisch, bei der Entwicklung von Ideen, in der Entscheidungsfindung und in der Umsetzung. Daher laden wir Sie an dieser Stelle zu einem kleinen Exkurs über die Funktionsweise von Sprachmodellen ein. Aber keine Sorge! Es sind keine technischen Vorkenntnisse notwendig, sondern nur etwas Neugier.

Die Basisversion: Für alle Nicht-Techies und Ungeduldigen

LLMs sind Sprachgeneratoren. Sie sind in der Lage, sinnvolle, grammatikalisch korrekte Sätze zu generieren, die unserem menschlichen Anspruch standhalten und natürlich wirken - die erstaunlich oft genau so erscheinen, als sprächen wir mit einem Menschen, der obendrein Ahnung hat.

Woher haben LLMs ihr Wissen?

Es ist absolut wichtig, zu verstehen: Diese Fähigkeit leitet sich nicht aus einem manuell beigebrachten „Regelwerk für Sprache“ ab, sondern ist erlernt. Die Basis dazu sind einerseits die technischen bzw. mathematischen Prinzipien des

T. Pfattheicher et al., *When is it good enough? – Softwareprojekte im Zeitalter generativer KI*,
https://doi.org/10.1007/978-3-658-50100-6_4

„maschinellen Lernens", insbesondere die „Zaubertricks" des „Deep Learning" (mathematische Modellierung des Lernens inspiriert von der Funktionsweise neuronaler Netzwerke in Gehirnen). Andererseits stecken dahinter enorme Datenmengen:

- **von Menschen Geschriebenes** – Bücher, Artikel, Forenposts, all das kollektive Sprachmaterial, das unsere Kultur schon hervorgebracht hat und das in digitaler Form vorliegt.
- **synthetisch Erzeugtes** – maschinell generierte Sätze, die den Modellen dabei helfen, Muster zu internalisieren und zu verallgemeinern.

LLMs leiten ihr Sprachverständnis also aus den sprachlichen Mustern ab, die sie aus diesem gewaltigen Datenschatz destillieren: Wie sehen Sätze aus? Welche Worte folgen oft aufeinander? Wie hängen fachlicher Kontext und Formulierung zusammen?

> Schon auf den ersten Blick ist damit intuitiv einleuchtend: Eine Antwort, die nur auf diesem Wissen basiert, kann nur eine ***statistisch*** **naheliegende**, keine ***deterministisch*** **richtige** sein!

Wie geben LLMs Antworten?

Aus diesen Informationen entsteht eine Maschine, die „Sprache gelernt hat". Das ist zwar theoretisch nett, aber praktisch ziemlich nutzlos. Wir wollen mit ihr sprechen und Fragen stellen! Um zu verstehen, wie dies funktionieren kann, lohnt sich ein kurzer Deep Dive in den Lernprozess eines LLMs.

Etwas vereinfacht: Wenn LLMs aus Beispieltexten lernen, lernen sie in Wahrheit die Vorhersage des nächsten Wortes (oder Satzzeichens). Ziel ist es, ihnen beizubringen, das wahrscheinlichste nächste Wort aus den vorausgehenden Worten abzuleiten. LLMs sind also „Wortvorhersagemaschinen". Wenn sie eine Antwort generieren, tun sie das, in dem sie einzelne Worte aneinanderreihen, bis ein fertiger Satz entsteht (bei vielen heute öffentlich verfügbaren LLMs kann man diese „Satzentstehung" live beobachten).

Folgendes Beispiel dient der Illustration. Nehmen wir an, ein Beispieltext ist der berühmte Satz: „Sein oder Nichtsein, das ist hier die Frage.". Beim initialen Training werden dem LLM sukzessive Teile des Satzes zusammen mit dem relevanten nächsten Wort gezeigt, hier etwa

„Sein" $\longrightarrow$ „oder"

„Sein oder"	⟶	„Nichtsein"
„Sein oder Nichtsein"	⟶	„,"
„Sein oder Nichtsein,"	⟶	„das"
„Sein oder Nichtsein, das"	⟶	„ist"
„Sein oder Nichtsein, das ist"	⟶	„hier"
„Sein oder Nichtsein, das ist hier"	⟶	„die"
„Sein oder Nichtsein, das ist hier die"	⟶	„Frage"
„Sein oder Nichtsein, das ist hier die Frage"	⟶	„."

Aus dem beschriebenen Lernmechanismus wird noch etwas anderes intuitiv nachvollziehbar: Da sie sowohl etwas über unmittelbar aufeinanderfolgende Worte lernen (lokale Korrelation) als auch über weiter entfernte, sammeln sie dabei Informationen über den inhaltlichen *Kontext* der Textpassage auf. Der bei der Vervollständigung eines bekannten Textes beschriebene Lernmechanismus findet in gleicher Weise bei der Beantwortung freier Fragen Anwendung.

Was passiert also, wenn wir einem LLM, das so trainiert wurde, eine Frage stellen? Die Frage (der „Prompt") gibt dem LLM einen sprachlichen und inhaltlichen Kontext. Der technische Arbeitsauftrag für eine Frage / einen Prompt lautet: „Gegeben diese Aneinanderreihung von Worten, was ist das wahrscheinlichste nächste Wort?". Die Antwort des LLMs ist das erste Wort der gesuchten Antwort. Der nächste Schritt: „Gegeben diese Aneinanderreihung von Worten *und dem ersten Wort Deiner Antwort*: Was ist das wahrscheinlichste nächste Wort?". Der nächste Schritt: „Gegeben diese Aneinanderreihung von Worten *und den ersten beiden Worten Deiner Antwort*: Was ist das wahrscheinlichste nächste Wort?". Und so weiter.

Wenn man sich klar macht, wie „primitiv" dieser zugrundeliegende Mechanismus der Sprachformung eigentlich ist, ist es beinahe unglaublich, wie gut diese Technologie funktioniert. Die Basis dazu ist letztlich nichts anderes als die schiere Menge an textueller Information, aus denen LLMs lernen (und eine clevere algorithmische Umsetzung des Lernprozesses basierend auf kontextverarbeitenden neuronalen Netzwerken [1]). Diese Erkenntnis wirft auch unweigerlich philosophische Fragen auf: Wie formen wir Menschen eigentlich unsere Sprache? Sind wir viel mehr als „next best word"-Automaten? Wir belassen es an dieser Stelle bei dem philosophischen Denkanstoß und freuen uns gemeinsam mit Ihnen auf die Forschungsergebnisse der nächsten Jahre!

Information

Prompting
Den Mechanismus des Prompts kennen Sie aus Ihren bisherigen Berührungspunkten mit „ChatGPT“ und Co. Auch bei der Integration von Sprachmodellen in Software gilt dieses Prinzip: Modelle werden über Prompts gesteuert und liefern Antworten in Echtsprache.
Hier gibt es aber noch die wichtige Unterscheidung zwischen statischen „Systemprompts“ und variablen „Userprompts“: Systemprompts liefern den unveränderlichen Rahmen. Das könnte z. B. die Aufgaben- oder Rollenbeschreibung eines Modells sein. „Userprompts“ enthalten die Informationen, die zur Laufzeit relevant sind. Beide werden als gebündelte Anfrage zusammengebaut und an das LLM geschickt.

Was sind Halluzinationen?

Wir wollen Sie nun mit einer Kernaussage auf die weitere Reise durch dieses Buch schicken. Wenn man sich die Wirkweise der Technologie klar macht, wird ebenso klar, dass man es im Dialog nicht mit einem „Universalgelehrten“ zu tun hat. Das LLM „versteht“ nichts über den fachlichen Inhalt meiner Frage. Über die Frage / den Prompt zwingt man die Maschine lediglich in einen Teilbereich der gelernten textuellen Information, die zum fachlichen Inhalt der Frage passt: „Sonne“, „Meer“, „Hotel“, „Buchung“ und „Urlaub“ spannen einen Sprachraum auf, der Antworten liefert, die informiert wirken.

Stelle ich aber eine Frage zu einem inhaltlichen Kontext, der dem LLM gänzlich unbekannt ist, wird es trotzdem eine Antwort formulieren! Es kann immer noch genauso gewandt Sätze stricken, aber ohne die passende Informationsbasis ist die inhaltliche Korrektheit reiner Zufall. Elegant formuliert, aber faktisch frei erfunden. Das LLM wird zu einer dampfplaudernden Sprachmaschine – wir sprechen von *Halluzinationen*.

Hier gibt es aber Abhilfe: Einerseits durch fortgeschrittene Lerntechniken, denen wir uns im folgenden „Expertenabschnitt“ kurz widmen. Andererseits – und oft sehr viel wichtiger für die Projektpraxis – indem wir das LLM für den konkreten Anwendungsfall mit allen Informationen ausstatten, die es benötigt, um wirklich als Experte auftreten zu können (Finetuning des Modells oder Bereitstellung der Information zur Laufzeit).

LLMs lösen ein zentrales Konstruktionsdefizit des digitalen Computers, indem sie ihm Sprechen beibringen. Das ist eine gewaltige Leistung. Und obwohl sie durch ihr Sprachtraining bereits sehr viel implizites Wissen mitbringen, machen sie aus ihm *keinen Universalgelehrten*! Wir wollen mit diesen Einblicken bei Ihnen vor allem eine realistische Erwartungshaltung auslösen. Mit diesen

Gedanken im Kopf fällt es leichter, sich klar zu machen, wo die Potentiale und die Grenzen der Technologie liegen. Statt mit einer „intelligenten Wundermaschine“ haben wir es mit einem bestaunenswerten Sprachautomaten zu tun.

Die Erklärung bis hier hin reicht aus, um die Reise durch den Rest des Buches anzutreten. Wir haben Ihnen in der Einleitung versprochen, dass wir Ihnen einen praxisnahen Leitfaden an die Hand geben wollen, keine theoretische Abhandlung über künstliche Intelligenz. Sie verpassen nichts, wenn Sie jetzt zum nächsten Kapitel springen – wir sehen uns dort! Alle unter Ihnen, die noch etwas tiefer schürfen wollen, sind im Rest dieses Kapitels richtig aufgehoben.

Etwas tiefer: Für alle, die nicht ganz frei sind von Nerdstolz

Zunächst wollen wir eine kleine Schlamperei aus dem vorhergehenden Abschnitt beseitigen und einen Begriff einführen, der uns im technischen Jargon rund um LLMs häufig begegnet: Das sogenannte *Token* tritt technisch an die Stelle der Worte. Sätze werden von LLMs als Ketten dieser Tokens verarbeitet. Tokens sind nichts anderes als Subwörter oder syntaktische Symbole wie Punktuation. Beispielsweise wird bei der Verarbeitung der Frage, „Ist mein Text unschlüssig?“ der Inhalt wie folgt „tokenisiert“: [„Ist“, „mein“, „Text“, „un“, „schlüssig“ „„?“]. Damit sollte plausibel werden, wie mit Satzzeichen umgegangen wird und Sie als Leserschaft wissen jetzt, warum die kommerzielle Nutzung vieler Modelle in „tokens“ abgerechnet wird und was das finanziell ungefähr bedeutet.

Nun möchten wir noch ein paar Worte zum Training von LLMs verlieren. Dies hat zwei Ziele: Ihnen ein besseres Verständnis zu vermitteln, warum LLMs zum Teil so herausragend gut inhaltlich korrekte Antworten geben. Und ein Gefühl dafür zu schaffen, dass das Training von LLMs eine Wissenschaft für sich ist – was wiederum erklärt, warum wir in den kommenden Jahren noch viel Fortschritt bei der Modellqualität erwarten können.

Im vorangehenden Abschnitt haben wir beschrieben, wie LLMs Sprache auf Basis von Texten lernen, in dem Tokenwahrscheinlichkeiten unter Berücksichtigung direkt benachbarter und kontextuell weiter entfernter Tokens berechnet werden. Dies ist aber nur ein Teil der Mechanik, wie LLMs lernen: Zusätzlich werden LLMs beispielsweise auf konkreten, kuratierten Fragen- und Antwortpaaren trainiert, was ihnen zu den entsprechenden Themen eine höhere fachliche Kompetenz verleiht und ihnen hilft, in Dialogsituationen souveräner zu agieren. Zahlreiche weitere Methoden werden laufend neu entwickelt und angewandt, um Modelle nachzujustieren und auf spezielle Situationen auszurichten. Man spricht von „Finetuning“ der Modelle.

Man kann sich dies am menschlichen Beispiel vergegenwärtigen. Im frühen Kindesalter erlernen wir grundlegende linguistische Fähigkeiten. Dazu zählt ein sprachbasiertes Verständnis von Alltagssituationen. Wenn wir uns in der Schule oder im Studium z. B. der Lyrik widmen, so haben wir es erstmalig mit neuartigen, bis dahin nicht bekannten sprachlichen Mustern zu tun. Wir müssen unser Gehirn neu eichen anhand einer Vielzahl an Gedichten und deren Interpretation. Kurz, wir finetunen unser Gehirn auf die neue Aufgabe. Im besten Fall bleiben die grundlegenden linguistischen Fähigkeiten bei diesem Prozess erhalten.

Außerdem finden Methoden des Reinforcement Learning (RL) Anwendung. Die Idee dieser Lernmethodik ist simpel. Modellvorhersagen werden basierend auf einem Bewertungsmechanismus evaluiert. Diese Bewertung wird wiederum verwendet, um gut bewertete Ergebnisse zu verstärken. Zwei sehr prominente Ausprägungen dieser Idee sollen im Folgenden kurz erläutert werden.

Beim Reinforcement Learning from Human Feedback (RLHF) [2], werden mehrere Antworten für eine gegebene Frage generiert und durch Menschen bewertet. Hierdurch richtet sich das zu trainierende LLM an menschlichen Präferenzen aus – es fühlt sich nach einem menschlichen Gesprächspartner an.

Eine andere Ausprägung von RL nutzte DeepSeek im Jahr 2025 [3] um die „Feedbackschleife" für Probleme in den Bereichen Programmierung und Mathematik zu automatisieren. LLMs wurden dabei zum schriftlichen „Nachdenken" über Fragen mit einer exakten Antwort gebracht (*verifiable rewards*). Diese verifiable rewards haben den großen Vorteil, dass sich die Bewertungsschleife vollständig automatisieren lässt – die Überprüfung auf richtig oder falsch ist schließlich eindeutig. Das Ergebnis des Verstärkungsmechanismus waren Modelle, die stark im logischen „Durchdringen" von komplexen Fragestellungen sind.

! Information

Keine falschen Schlussfolgerungen aus öffentlichen Benchmarks ziehen

Die Güte eines trainierten LLMs wird in der Regel basierend auf öffentlichen Benchmarks gemessen. Diese decken viele Nuancen ab, indem sie für eine Vielzahl von vorbereiteten Fragestellungen die Antwortqualität des LLMs ermitteln. Dennoch sind die Ergebnisse mit Vorsicht zu bewerten.

Zum Einen ist nicht immer nachvollziehbar, ob LLMs tatsächlich die zugrundeliegenden Muster sprachlicher Vielfalt ausgiebig erlernt haben und in der Lage sind, auf neue Situationen vergleichbar gut zu reagieren oder ob stattdessen zumindest teilweise auf bekannten Daten optimiert wurde. Falls letzteres der Fall ist, sind gute Ergebnisse auch ein Zeichen von „Auswendiglernen".

Zum Anderen sind im Allgemeinen für den eigenen Anwendungsfall andere oder weitere Metriken relevant, die von öffentlichen Benchmarks nicht abgedeckt werden. Es gilt eigene Benchmarks zu definieren und regelmäßige Messungen durchzuführen. Ein prominentes Beispiel betrifft die Überprüfung von Inhalten, die auf domänenspezifischen Begrifflichkeiten und Inhalten basieren. Häufig werden im Unternehmen spezielle Vokabeln, Abkürzungen und Definitionen eingeführt, die nicht in den Trainingsdaten vorhanden sind. LLMs, die sehr gute Ergebnisse auf öffentlichen Daten erzielen sind nicht zwingend gut darin, das unternehmenseigene Vokabular gezielt zu verarbeiten. Um dies zu prüfen, werden dedizierte Messungen benötigt. Dies ist die wesentliche Aufgabe LLM-basierter bzw. semantischer Qualitätssicherung, die wir im entsprechenden Kapitel **Qualität: Von exakter Gleichheit zu vertrauenswürdiger Unschärfe** noch ausführlich beschreiben werden.

Das LLM als Wahrscheinlichkeitsmaschine

Wir haben bereits gesehen, dass LLMs die „weiche" und unscharfe Welt natürlicher Sprache mittels gigantischer Mengen unstrukturierter, prosaischer Daten in ein statistisches Problem umwandeln. Genauer: Die statistischen Muster des Datensatzes werden von tiefen Neuronalen Netzen „gelernt" und manifestieren sich in den nummerischen Gewichten ihrer Neuronen. Wir haben beschrieben, wie LLMs auf Basis ihres gelernten Sprachwissens und eines gegebenen sprachlichen Kontexts (Frage, „Prompt") Antwortsätze durch eine Aneinanderreihung „nächster bester Tokens" generieren. Wäre dies die ganze Wahrheit, würde ein LLM auf dieselbe Frage immer exakt ein und dieselbe Antwort generieren. Sie wissen bereits aus Ihren Berührungen mit LLMs, dass dies nicht das beobachtete Verhalten ist. LLMs zeigen eine starke Variation in ihren Antworten!

Woher kommt das? LLMs „streuen" bewusst bei ihrer Auswahl des „next best tokens": Gewählt wird nicht immer das Token mit der höchsten Wahrscheinlichkeit, sondern zufällig eines, dass innerhalb einer gewissen Breite um das wahrscheinlichste Token herum liegen darf. Damit wird jede Auswahl eines Tokens zu einer Ziehung aus dem Lostopf – und jede weitere Ziehung hängt wiederum von dem Resultat der vorhergehenden Ziehung ab. Gesteuert wird die Breite der Streuung u.a. durch einen Parameter namens „*Temperature*", entliehen den Konzepten der statistischen Thermodynamik [4]. So werden Sprachmodelle „kreativ" und zeigen ein natürlicheres, weil variantenreiches Konversationsverhalten – und beginnen gleichzeitig, verstärkt zu halluzinieren.

Eine *Temperature* von 0 zwingt ein LLM hingegen, in jedem Schritt das wahrscheinlichste Token zu wählen – die selbe Frage führt dann tatsächlich immer zur gleichen Antwort! Gleichzeitig verschwindet der gedanklich öffnende Charakter – wer unterhält sich schon gerne mit jemanden, der stoisch auf noch so komplizierte Fragen nur immer genau eine Antwort geben kann? Außerdem bedeutet eine Temperature von 0 nicht, dass eine Antwort im praktischen Sinne vorhersehbar oder gar „richtig“ ist – nur, dass jeder einzigartigen Frage genau eine mögliche Antwort zugeordnet ist.

Key Findings

- **LLMs sind Wahrscheinlichkeitsmaschinen**
  LLMs werden basierend auf Techniken des maschinellen Lernens trainiert. Während des Lernprozesses werden ihnen große Datenmengen an Freitext und Frage-Antwort-Paaren gezeigt. Dabei erlernen sie typische Muster von Sprache. Konkret lernen sie das nächste Wort vorherzusagen gegeben der bisherige Kontext (alle Wörter, die davor stehen). Sie sind bemerkenswerte „Wortvorhersagemaschinen“.
- **Halluzination als statistischer Effekt**
  Insbesondere wenn Fragen Vokabular und Inhalte referenzieren, die gar nicht oder nur unterrepräsentiert in den Trainingsdaten vorhanden sind, steigt die Gefahr der Halluzination. Wegen der Natur des LLMs als Wortvorhersagemaschine generiert es eine Antwort Wort für Wort unter Berücksichtigung von Wahrscheinlichkeiten. Wenn letztere nicht durch ausreichend Trainingsdaten justiert werden, gleicht die Antwort eher einem „random guess“, als einer statistisch gut begründeten Antwort.
- **Feintuning mit RL**
  Es gibt verschiedene Methoden um den Lernprozess sukzessive zu steuern und somit bestimmtes Verhalten zu verstärken. Eine Ausrichtung an menschlichen Präferenzen oder „nachdenkende“ LLMs sind zwei berühmte Varianten des Finetunings basierend auf RL.

Literaturverzeichnis

[1] Ashish Vaswani, Noam Shazeer, Niki Parmar, Jakob Uszkoreit, Llion Jones, Aidan N. Gomez, Łukasz Kaiser, and Illia Polosukhin. Attention Is All You Need. In *Proceedings of the 31st International Conference on Neural Information Processing Systems*, NIPS'17, page 6000–6010, Red Hook, NY, USA, 2017. Curran Associates Inc. ISBN 9781510860964.

[2] Long Ouyang, Jeff Wu, Xu Jiang, Diogo Almeida, Carroll L. Wainwright, Pamela Mishkin, Chong Zhang, Sandhini Agarwal, Katarina Slama, Alex Ray, John Schulman, Jacob Hilton, Fraser Kelton, Luke Miller, Maddie Simens, Amanda Askell, Peter Welinder, Paul Christiano, Jan Leike, and Ryan Lowe. Training Language Models to Follow Instructions with Human Feedback. In

Proceedings of the 36th International Conference on Neural Information Processing Systems, NIPS '22, Red Hook, NY, USA, 2022. Curran Associates Inc. ISBN 9781713871088.

[3] DeepSeek-AI, Daya Guo, Dejian Yang, Haowei Zhang, Junxiao Song, Ruoyu Zhang, Runxin Xu, Qihao Zhu, Shirong Ma, Peiyi Wang, Xiao Bi, Xiaokang Zhang, Xingkai Yu, Yu Wu, Z. F. Wu, Zhibin Gou, Zhihong Shao, Zhuoshu Li, Ziyi Gao, Aixin Liu, Bing Xue, Bingxuan Wang, Bochao Wu, Bei Feng, Chengda Lu, Chenggang Zhao, Chengqi Deng, Chenyu Zhang, Chong Ruan, Damai Dai, Deli Chen, Dongjie Ji, Erhang Li, Fangyun Lin, Fucong Dai, Fuli Luo, Guangbo Hao, Guanting Chen, Guowei Li, H. Zhang, Han Bao, Hanwei Xu, Haocheng Wang, Honghui Ding, Huajian Xin, Huazuo Gao, Hui Qu, Hui Li, Jianzhong Guo, Jiashi Li, Jiawei Wang, Jingchang Chen, Jingyang Yuan, Junjie Qiu, Junlong Li, J. L. Cai, Jiaqi Ni, Jian Liang, Jin Chen, Kai Dong, Kai Hu, Kaige Gao, Kang Guan, Kexin Huang, Kuai Yu, Lean Wang, Lecong Zhang, Liang Zhao, Litong Wang, Liyue Zhang, Lei Xu, Leyi Xia, Mingchuan Zhang, Minghua Zhang, Minghui Tang, Meng Li, Miaojun Wang, Mingming Li, Ning Tian, Panpan Huang, Peng Zhang, Qiancheng Wang, Qinyu Chen, Qiushi Du, Ruiqi Ge, Ruisong Zhang, Ruizhe Pan, Runji Wang, R. J. Chen, R. L. Jin, Ruyi Chen, Shanghao Lu, Shangyan Zhou, Shanhuang Chen, Shengfeng Ye, Shiyu Wang, Shuiping Yu, Shunfeng Zhou, Shuting Pan, S. S. Li, Shuang Zhou, Shaoqing Wu, Shengfeng Ye, Tao Yun, Tian Pei, Tianyu Sun, T. Wang, Wangding Zeng, Wanjia Zhao, Wen Liu, Wenfeng Liang, Wenjun Gao, Wenqin Yu, Wentao Zhang, W. L. Xiao, Wei An, Xiaodong Liu, Xiaohan Wang, Xiaokang Chen, Xiaotao Nie, Xin Cheng, Xin Liu, Xin Xie, Xingchao Liu, Xinyu Yang, Xinyuan Li, Xuecheng Su, Xuheng Lin, X. Q. Li, Xiangyue Jin, Xiaojin Shen, Xiaosha Chen, Xiaowen Sun, Xiaoxiang Wang, Xinnan Song, Xinyi Zhou, Xianzu Wang, Xinxia Shan, Y. K. Li, Y. Q. Wang, Y. X. Wei, Yang Zhang, Yanhong Xu, Yao Li, Yao Zhao, Yaofeng Sun, Yaohui Wang, Yi Yu, Yichao Zhang, Yifan Shi, Yiliang Xiong, Ying He, Yishi Piao, Yisong Wang, Yixuan Tan, Yiyang Ma, Yiyuan Liu, Yongqiang Guo, Yuan Ou, Yuduan Wang, Yue Gong, Yuheng Zou, Yujia He, Yunfan Xiong, Yuxiang Luo, Yuxiang You, Yuxuan Liu, Yuyang Zhou, Y. X. Zhu, Yanhong Xu, Yanping Huang, Yaohui Li, Yi Zheng, Yuchen Zhu, Yunxian Ma, Ying Tang, Yukun Zha, Yuting Yan, Z. Z. Ren, Zehui Ren, Zhangli Sha, Zhe Fu, Zhean Xu, Zhenda Xie, Zhengyan Zhang, Zhewen Hao, Zhicheng Ma, Zhigang Yan, Zhiyu Wu, Zihui Gu, Zijia Zhu, Zijun Liu, Zilin Li, Ziwei Xie, Ziyang Song, Zizheng Pan, Zhen Huang, Zhipeng Xu, Zhongyu Zhang, and Zhen Zhang. DeepSeek-R1: Incentivizing Reasoning Capability in LLMs via Reinforcement Learning, 2025. URL https://arxiv.org/abs/2501.12948.

[4] Ari Holtzman, Jan Buys, Li Du, Maxwell Forbes, and Yejin Choi. The Curious Case of Neural Text Degeneration. In *International Conference on Learning Representations*, 2020. URL https://openreview.net/forum?id=rygGQyrFvH.

Anforderungsanalyse – Navigieren im Nebel

Vom Wunsch zur Möglichkeit – Warum wir neu denken müssen

Bisher haben wir uns sehr generell und eher theoretisch mit den Auswirkungen des neuen Wesens der Technologie „generative KI" beschäftigt. Nun wollen wir endlich die ersten Schritte in die Welt der Projektrealität wagen. Und sehr oft beginnen Projekte mit einem Wunsch …

„Wir brauchen was mit GenAI!" – dieser Satz bildet den Auftakt vieler Initiativen, die aktuell in Organisationen entstehen. Er ist definitiv nicht Ausdruck klarer Intention, sondern von diffusem Handlungsdruck, gespeist aus Innovationsversprechen, Wettbewerbsangst, Machbarkeitsberichten und medialem Hype – und nicht zuletzt aus der Beobachtung, dass „alle anderen es ja auch tun". Oft wird er vom Management ausgesprochen, häufig mit echter Aufbruchsstimmung und dem Wunsch nach Beschleunigung. Gleichzeitig wissen Verantwortliche aber oft überhaupt nicht, was genau mit GenAI möglich ist und was nicht.

Ehrlicherweise unterscheidet bis hierhin den Hype um GenAI nichts von anderen der Vergangenheit. Und dieser diffuse Ausdruck von Angst, etwas zu verpassen („FOMO", fear of missing out), war noch nie ein vernünftiger erster Schritt in die Formulierung von konkreten Anforderungen. Es gibt aber einen spektakulären Unterschied zu den technologischen Hypes der Vergangenheit: Wir können diese neue Technologie *fragen*, was man mit ihr anstellen könnte! Damit wird zum ersten mal in der Geschichte der Menschheit eine Technologieinnovation zum Gesprächspartner über ihren eigenen Einsatz!

Und sie wird uns tatsächlich Antworten geben auf unsere Fragen. Ihre Antworten werden immer kontextabhängig, nie eindeutig im Sinne der Wiederholbarkeit, aber in der Regel sehr hilfreich sein. Sie werden Informationen vermitteln und beim Fragesteller *Wirkung* erzielen – und zwar in der Regel umso

T. Pfattheicher et al., *When is it good enough? – Softwareprojekte im Zeitalter generativer KI*,
https://doi.org/10.1007/978-3-658-50100-6_5

mehr, je weniger man vorher mit der Antwort rechnen konnte. Den Raum natürlicher Sprache, der selten frei ist von Fragen, Interpretationen und Unsicherheit, werden wir aber nicht verlassen.

Damit sind wir bereits wieder beim Kern des „Neuen" angelangt: Unschärfe. Ein großer Teil der Wertschöpfung mit generativer KI entzieht sich der Vorhersage. Aber ist das wirklich nur ein Problem? Im Gegenteil: exakt hier liegt ein großer Teil des Werts von GenAI!

Wir hoffen, Sie stimmen uns nach der gemeinsamen Reise durch die einleitenden Kapitel in einer fundamentalen These zu: In einer Welt, in der Maschinen nicht mehr nur strukturierte Eingaben entgegennehmen und nach klar definierten Regeln verarbeiten, sondern Sprache interpretieren, Zusammenhänge herstellen und sogar kreative Vorschläge machen, reicht es nicht mehr, Spezifikationen in Excel-Tabellen zu sammeln.

> Was wir brauchen, ist ein neues Verständnis von Anforderungen – eines, das die Unschärfe nicht bekämpft, sondern als Chance annimmt und gestaltbar macht.

Traditionell beginnt Anforderungsarbeit mit Ordnung und Spezifikation: Was soll erreicht, was automatisiert, was verbessert werden? Anforderungen sind in dieser Logik Extrakte der betrieblichen Bedürfnisse und werden in eine Sprache übersetzt, die möglichst ohne weitere Fragen die direkte Entwicklung erlaubt. Doch die sprachbasierte künstliche Intelligenz, mit der wir es nun zu tun haben, unterläuft diese Voraussetzung. Sie folgt keinem feststehenden Regelsatz mehr, sondern operiert probabilistisch, kontextuell, semantisch fluide. Sie erzeugt Output, aber keine deterministische Gewissheit. Die Welt, in der Anforderung als präzise Vorgabe gedacht werden konnte, verliert ihren ontologischen Boden. Die Unschärfe ist nicht mehr Ausnahme – sie ist System.

Hindernisse aus Unverständnis: Zwischen Wunderglauben und Angststarre

Der Umgang mit GenAI ist emotional aufgeladen. Das gilt während des Arbeitens mit der Technologie, aber fängt schon bei der Intention, dem Wunsch nach ihrem Einsatz an. Zu neu und fremd sind die ersten Berührungspunkte, zu unverstanden sind nach wie vor die Möglichkeiten, zu groß der Hype, um sich dem Thema mit kühler Rationalität zu nähern. In der Begegnung mit dieser neuen Klasse von Systemen pendeln Organisationen derzeit zwischen zwei Extremen:

Auf der einen Seite stehen überhöhte Erwartungen: Künstliche Intelligenz als Wundermaschine, die auf magische Weise Prozesse automatisiert, Inhalte generiert und ganz alleine Entscheidungen trifft – als wäre sie die Realisierung eines universal allwissenden Agenten. Solche Anforderungen gleichen eher Wunschlisten als Systemdesigns; sie leiten sich nicht aus konkreten Ideen ab, sondern direkt aus Erlösungsbedürfnissen. Befeuert werden sie freilich von auf Halbwissen daher schwimmenden Aussagen technologischer Untergangspropheten und strategischem PR-Kalkül der Hersteller der großen Modelle. Beides bekommen wir seit Jahren in den Medien in Dauerschleife serviert.

Auf der anderen Seite lähmt die Angst vor Kontrollverlust. Die Sorge, dass „die KI mit unseren Daten trainiert wird", „wir nicht mehr wissen, was sie macht" oder „am Ende etwas sagt, das wir nicht vertreten können". Sie ist nicht irrational, sondern oft Ausdruck tiefer systemischer Unsicherheit. Welche Steuerung bleibt möglich? Wie vertrauen wir einer Maschine, die sich nicht durch If-Else-Strukturen disziplinieren lässt?

Beide Haltungen – Euphorie auf der einen und Angst vor Kontrollverlust auf der anderen Seite – haben ihre Berechtigung. Und doch führen sie in ihrer Extremform in die Irre. Die erste ignoriert die Grenzen der Technologie, die zweite verhindert jede Form von Fortschritt. Beide aber verhindern gleichsam, dass aus Absichten Ziele und aus Zielen Gestaltungsräume werden. In der neuen Anforderungsanalyse geht es daher zunächst darum, diese beiden Extreme zu entzaubern und die Grundlagen für eine realistische, aber ambitionierte Auseinandersetzung mit GenAI zu schaffen.

Von faktischer Eindeutigkeit zum interpretierbaren Output

Die klassische Anforderung setzt auf exakte Eindeutigkeit: Eine Funktion soll „bei Klick auf Button A die Datenbankabfrage B auslösen und das Ergebnis in Feld C anzeigen". Das ist nicht nur eine methodische Vereinfachung, sondern Ausdruck eines Paradigmas: Die Welt ist ordnungsfähig, wenn wir sie nur richtig beschreiben. Anforderungen sind messbar, testbar, und eben eindeutig. Und gleichzeitig auch der Traum jedes Entwicklungsteams – weil klar, präzise, unmissverständlich.

Doch GenAI Modelle durchkreuzen diese Ordnung. Sie operieren nicht mit inhaltlicher Logik, sondern mit Wahrscheinlichkeitsverteilungen im semantischen Raum. Zwischen Prompt und Output liegt kein auf Schleifen und If-Else basierender klassischer Algorithmus, sondern ein Prozess der Approximation, Kontextbewertung und des Unerwarteten. Anforderungen in diesem Kontext können nicht (nur) beschreibend sein – sie müssen interpretativ sein.

Also wie formuliert man eine Anforderung für ein Sprachmodell, das „freundlich antworten", „relevante Informationen vorschlagen" oder „den User nicht bevormunden" soll? Was bedeutet „freundlich"? Welche Informationen sind „relevant"? Wo liegt die Grenze zwischen „hilfreich" und „zu viel"?

Dies ist genau der entstehende Raum der Interpretation, und dieser wird zur Schlüsselkompetenz.

> Anforderungen an Lösungen mit GenAI sind oft nicht mehr scharf definierbar – sie sind auslegbar.

Und das ist kein Mangel, sondern die logische Folge dieser Technologie. Sie sind eine These, die iterativ befragt und modifiziert werden muss. In diesem Sinne ist jede Anforderung eine Einladung zum Dialog – nicht zur Spezifikation.

Wirkung statt Spezifikation

Diese Verschiebung lässt sich am besten durch ein Beispiel veranschaulichen: „Die KI soll Kundenanfragen freundlich beantworten." Was als triviale Zielsetzung erscheinen könnte, wird hier zur Auslegung:

- Was bedeutet „freundlich"? – Emotional deeskalierend, sachlich-höflich, empathisch?
- Für wen? – Für Kunden in Reklamationssituationen, für interne Stakeholder, für internationale Kontexte?
- In welchem Ton? – Förmlich, kollegial, humorvoll?
- Was ist der kulturelle Rahmen des Dialogs?

Und über dem Ganzen schwebt die Frage: selbst wenn diese Varianten entschieden werden – wie kann das so formuliert werden, dass es griffig und als Kriterium verstanden werden kann?

Die beispielhafte Formulierung verlangt nach Kontextualisierung, Nutzerforschung, semantischer Exploration – und letztlich: nach **Gestaltungsspielräumen**.

Die klassische Methode, Anforderungen in Form einer Liste von Akzeptanzkriterien und Funktionen zu erfassen, klappt also nicht, wenn Anforderungen variabel sind. Woran orientieren wir uns dann?

Die Antwort liegt in den Nutzungsszenarien. Sie ersetzen nicht die Anforderung, aber sie rahmen sie. Sie machen greifbar, spürbar, was gemeint ist. Sie bieten Kontexte, in denen Verhalten beobachtbar wird. Und sie erlauben die Formulierung von Erwartungen auf Ebene von Interaktion, Wirkung und situativer Angemessenheit. Als Orientierung hierfür dienen die User selbst. Wenn wir die Menschen in unserem Nutzungskontext kennen, lassen sich Szenarien möglichst nah an der „echten" Nutzung schneiden. Somit können wir Anforderungen direkt mit realistischen Szenarien abgleichen und mehrwertbringend formulieren.

Diese Szenarien sind keine Use Cases im klassischen Sinn. Sie sind narrativ, situativ, plural. Sie machen sichtbar, welche Erwartungen mit GenAI verbunden sind, wie ein System sich in einer bestimmten Konstellation verhalten soll – und welche Differenzen zwischen Vorstellung und realem Systemverhalten bestehen.

Beispielhafte Missverständnisse in frühen Projektphasen

Anforderungsformulierung und Systemverhalten weichen oft auf subtile Weise voneinander ab. Diese Missverständnisse entstehen nicht aus Unwillen, sondern aus unterschiedlichen Referenzrahmen.

Unklare Anforderungsformulierung: Das ist eine typische Formulierung aus dem Projektalltag – so, wie sie z. B. in einem Review, einer Anforderung oder einem Stakeholder-Gespräch geäußert wird. Es handelt sich um eine Absicht, Erwartung oder ein Ziel, das jedoch ungeklärt oder interpretationsbedürftig ist.

Mögliches Systemverhalten: Hier wird beschrieben, welche Fehleinschätzung vorliegt und was im Weiteren zu beachten ist – beispielsweise durch richtiges Prompting, passende Agenten-Architektur (siehe Kapitel **Softwarearchitektur – Das Unkontrollierbare kontrollieren**), Logik, Kontext oder Präzisierung.

Unklare Anforderungsformulierung	**Mögliches Systemverhalten (und was daran missverstanden wird)**
„Die KI soll einfach unsere Standardfragen beantworten."	Ohne richtigen Kontext und entsprechende fachliche Informationen paraphrasiert das Modell nur Bekanntes oder halluziniert sogar – eine Anbindung an explizite Systeme und Wissensquellen ist technisch notwendig.

Unklare Anforderungsformulierung	**Mögliches Systemverhalten (und was daran missverstanden wird)**
„Das System soll bitte nichts Falsches sagen – im Zweifel einfach keine Antwort geben."	Generative Modelle antworten (fast) immer. Eine explizite „Schweigelogik" muss gestaltet werden – etwa über Konfidenz-Schwellen, Rückfragen oder Absicherungslogik. Der Begriff „Falsches" ist keiner, der in einem nicht deterministischen interpretierbaren System ohne weitere fachliche Betrachtung funktioniert.
„Die KI soll freundlich sein – wie unsere besten Mitarbeitenden."	Ohne klaren Tonalitätsrahmen produziert das System Texte nach bestem Wissen – Freundlichkeit ist kein technisches Attribut, sondern Kontextauslegung und Teil des Feinschliffs der Prompts.
„Die KI kann ruhig kreativ sein – aber bitte keine Risiken eingehen."	Kreativität ist nicht risikofrei. Überraschende Antworten können hilfreich oder unpassend sein – ohne klare Schranken ist die Erwartung widersprüchlich

Die Differenz des erwarteten und tatsächlichen Systemverhaltens entsteht nicht durch Bugs oder technische Fehlfunktionen im klassischen Sinn, sondern durch ungleiche semantische Vorstellungen auf Seiten der Beteiligten – und durch implizite Erwartungen, die im Projektverlauf oft unbesprochen bleiben.

Ein weiteres Paradigma ändert sich: Anstatt über Anforderungen nur im Hypothetischen zu diskutieren, sollten sie möglichst früh erlebbar gemacht werden. Und das heißt: Prototypen, Mockups, einfache Prompts, interaktive Demos – **Hauptsache, die Wirkung wird sichtbar**. Sie ersetzen Sicherheit von Spezifikationen durch die Erfahrung konkreter Interaktionen. Also erleben, nicht lesen. Wirkung spüren.

Denn was in der Theorie plausibel klingt, zeigt in der Praxis oft ungeahnte Brüche. Die Enttäuschung im Live-Betrieb entsteht fast nie aus technischen Fehlern, sondern aus nicht erfüllten impliziten Erwartungen. Deshalb lautet ein zentrales Prinzip für die Requirements: Erfahrung vor Vollständigkeit. Das war übrigens auch in der klassischen agilen Entwicklung schon immer eine gute Idee – nun wird es zur Pflicht.

Praxisbeispiel

Wie eine „Datensuche" zur iterativen Gestaltungsaufgabe wurde

In einem Projekt zum Aufbau eines KI-basierten Assistenzsystems wurde früh der Wunsch formuliert, eine Datensuche zu integrieren, mit der sich aus einem Datenpool gezielt Informationen zu fachlichen Fragen finden lassen. Die Herausforderung: Es sollten sowohl Fragen zu konkreten (und größtenteils strukturierten!) Daten gestellt werden können, als auch abstrakte Fragen, die tiefes Domänenverständnis zur Beantwortung und zum Abgleich mit der Datenbasis benötigen. Die Erwartung der Stakeholder: „Die KI kann die Daten doch einfach durchsuchen und passende Inhalte ausgeben, das sollte mit einem Sprachmodell leicht umsetzbar sein? Das erwarten wir".

Diese Anforderung wirkte auf den ersten Blick bereits wenig klar und funktional – und war hochgradig interpretationsbedürftig. Denn in Wahrheit verbargen sich dahinter mehrere offene Aspekte:

- Wie sehen die fachlichen Datenstrukturen aus?
- Welche Datenqualität finden wir in dem Datenpool?
- Was genau soll eigentlich „gefunden" werden?
- Braucht es eine fachlich getrimmte Suchlogik?
- Wie gehen wir mit Unsicherheit, Mehrdeutigkeit und unvollständiger Datenlage um?

Ganz vorne die Frage: **wie kommen wir hier gemeinsam zu einem Ergebnis?** Zunächst wurde ein funktionaler Prototyp umgesetzt. Ziel war es, möglichst schnell einen erlebbaren Eindruck davon zu schaffen, wie sich eine „KI-gestützte Suche" überhaupt anfühlt – ohne dabei bereits alle Randfälle oder Bewertungsmetriken zu definieren.

Sehr schnell wurde deutlich: Die gefunden Daten waren rein logisch und sprachlich korrekt, aber die Fachbereiche stellten fest: „Das sind nicht die richtigen Suchergebnisse". Das gesamte implizite Knowhow der Fachlichkeit fehlte in unserer Suche und musste für bessere Qualität zunächst greifbar werden. Die Datenqualität war außerdem heterogen – alte Inhalte, widersprüchliche Formate, fehlende Metadaten. Die Erwartung der Stakeholder war, dass die KI automatisch das „Relevante" erkennt – unabhängig von Formulierung oder Kontexteingrenzung.

Diese Differenz zwischen Erwartung und Systemverhalten konnte nicht durch zusätzliche Spezifikation gelöst werden – sondern durch explorative Iteration.

Deshalb wurde ein separater „Such-Test-Prototyp" entwickelt. Ein reduziertes Testinterface, das gezielt einzelne Aspekte der KI-Suche testbar machte – etwa:

- die Wirkungsweise unterschiedlicher Prompts,
- der Einfluss von fachlichem Kontext,
- die Auswirkung unterschiedlicher Algorithmen auf die Trefferqualität.

Diese Prototyping-Phase war kein Nebenprodukt, sondern ein zentraler Teil der Anforderungsarbeit. Sie half, gemeinsam mit dem Fachbereich zu klären, was überhaupt unter „guter Suchfunktion" verstanden wird: Präzision, Relevanz, Transparenz, Erklärbarkeit. Diese Erkenntnisse wären in einem klassischen Anforderungskatalog kaum formulierbar gewesen.

Heute funktioniert die Suchfunktion dieser Anwendung auf hohem Niveau – nicht, weil sie „fertig" ist, sondern weil sie kontextualisiert, kommunizierbar und in der Wirkung getestet wurde. Der Weg dorthin war geprägt durch:

- iteratives Tuning von Prompts,
- Entwicklung einer maßgeschneiderten Sucharchitektur
- intensive Rückkopplung mit Fachbereichen,
- bewusste Abgrenzung der Systemgrenzen („Was kann die KI – und was nicht?"),
- und die Bereitschaft, technische und fachliche Logik nicht getrennt, sondern gemeinsam zu denken.

Das Beispiel zeigt: Anforderungen an generative Systeme sind nicht vorab vollständig formulierbar. Sie müssen sichtbar gemacht, erlebt und verhandelt werden. Nicht als Schwäche, sondern als notwendige Praxis im Umgang mit Unschärfe.

Der Trade-off: Freiheit vs. Kontrolle

Der wohl tiefgreifendste Trade-off in der Konzeption ist: Wie viel Freiheit erlauben wir der Maschine – und wie viel Steuerung ist nötig um Vertrauen, Konsistenz und Kontrolle zu gewährleisten?

Diese Frage stellt sich später auch auf technischer, zunächst aber v. a. auf strategischer Ebene. Wer maximale Kreativität will, muss Unsicherheiten akzeptieren. Ein System, das möglichst kreative Vorschläge machen soll, muss mehr Freiheiten erhalten – läuft aber auch Gefahr, irrelevante oder unpassende Inhalte zu generieren. Wer hingegen absolute Verlässlichkeit fordert, wird Vielfalt opfern. Ein System, das stark gepromptet und reguliert ist, wird verlässlicher – aber womöglich auch mit weniger Wow.

Die Anforderung ist nicht nur Beschreibung, sondern Positionierung im Spannungsfeld zwischen Offenheit und Sicherheit. Und das ist nicht universell lösbar: Hier müssen die Erwartungen der User, die Anforderungen der Organisation und die Möglichkeiten der Technologie in Einklang gebracht werden. Am Ende entscheidet dieser Trade-off nicht nur über die Funktionalität des Systems, sondern über die Haltung einer Organisation im Umgang mit generativer KI: Ob sie bereit ist, sich auf ein kontrolliertes Maß an Unschärfe einzulassen – oder ob sie versucht, jede Abweichung zu ersticken und damit die eigentliche Chance verspielt.

Genau darin liegt eine große Herausforderung. Diese Entscheidungen sind oft nicht isoliert im Projekt zu treffen, sondern sollten als Teil einer übergeordneten Strategie verstanden werden.

Strategisch denken – nicht nur in einem Use Case

Anforderungen entstehen selten im luftleeren Raum. Sie sind immer Ausdruck von organisationalen Zielen, Annahmen, Problemstellungen – und im Fall generativer Systeme zunehmend auch von Visionen. GenAI-Projekte werden jedoch teilweise als Einzelfälle behandelt: „Wir machen mal was mit KI im Kundenservice." Oder: „Wir bauen einen Chatbot für das Wissensmanagement." Doch damit verschenkt man Potenzial. Denn solche Sätze markieren einen klar umrissenen Use Case, aber oft keine nachhaltige Auseinandersetzung mit dem Potenzial der Technologie.

Anforderungsanalyse darf sich in diesem Kontext nicht nur auf die Funktionalität eines Systems fokussieren, sondern sollte auch die strategische Rolle des Systems reflektieren: Ist dies ein Schritt in Richtung eines neuen organisationalen Kooperationsmodells zwischen Mensch und Maschine?

Denn GenAI ist nicht nur ein einzelnes Werkzeug – sie ist ein neues Paradigma. Und als solches muss sie größer gedacht werden als nur im Kontext eines Anwendungsfalls, sie sollte strategisch im Unternehmen verankert werden. Die Frage sollte also nicht nur sein, was ein System tun soll, sondern wofür es steht. Ein punktueller Problemlöser – oder der Anfang einer KI Strategie?

Für die Anforderungsanalyse bedeutet das: Anforderungen sind nicht nur technische Sollzustände. Sie sind gestaltende Aussagen über ein zukünftiges Zusammenspiel von Mensch, Technologie und Organisation. Wer rein funktional denkt, verkürzt dieses Potenzial. Wer aber strategische Zielbilder mit konkreten Anwendungsfragen verknüpft, schafft die Grundlage für nachhaltige Entwicklungspfade – vom ersten Experiment zur tragfähigen KI-Strategie.

! Information

Erste Use Cases und die KI Unternehmensstrategie verbinden

Wie in vielen anderen Wirkungsfeldern gibt es auch bei der Frage nach dem Einsatz von KI potentiell zwei Vorgehensansätze:

- **Top-Down**: KI als Ausdruck einer strategischen Transformation, die sozusagen auf dem Management-Reißbrett designt wird. Anforderungen entstehen aus Zukunftsbildern, nicht aus konkreten Problemen. Analyse zielt auf Anschlussfähigkeit an Vision, Prinzipien, Unternehmenskultur, Roadmaps.
- **Bottom-Up**: Konkrete Irritationen oder Chancen im Tagesgeschäft führen zu explorativen Initiativen, aus denen Anforderungen emergieren. Analyse zielt auf Machbarkeit, erste Effizienzsteigerung, Verankerung von KI in ersten Teams.

Erfolgreich sind jene Organisationen, denen es gelingt, beide Perspektiven zu verbinden: Vision mit Umsetzung. Wo Visionen in Szenarien münden – und Szenarien zu strategischen Lernmomenten werden.

Der hybride Ansatz – die Verbindung von Top-Down-Rahmung und Bottom-Up-Erprobung (siehe Abb. 2) – erweist sich in vielen Situationen als besonders wirksam. Er erlaubt es, Veränderungen iterativ zu erproben, ohne strategische Orientierung zu verlieren. Gleichzeitig macht er Organisationen anschlussfähig:

- für neue Governance-Modelle
- für rollenübergreifende Verantwortungslogiken
- für die Integration dieser Systeme in bestehende Wertschöpfung

In der Praxis bedeutet das: die ersten Umsetzungen werden zum strategischen Dialoginstrument, das technologische, kulturelle und wirtschaftliche Perspektiven verbindet, jedoch nicht linear, sondern in einem lernenden Wechselspiel.

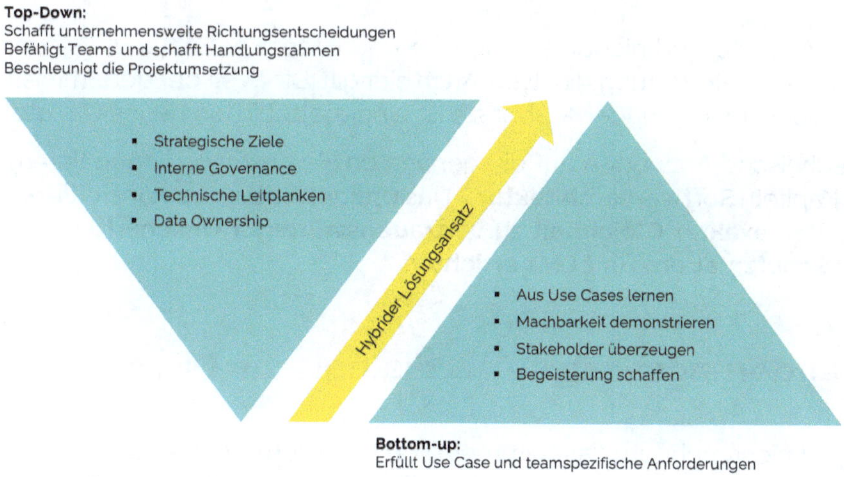

Abb. 2 Ein hybrider Lösungsansatz - strategische Sicht auf die Umsetzung einzelner GenAI Use Cases und unternehmensweiter GenAI Strategie

Nicht-funktionale Anforderungen neu denken

Selbst die vermeintlich „technischen" Anforderungen müssen neu interpretiert werden – also all das, was nicht unmittelbar in der Funktion sichtbar ist.

- Performance bedeutet nicht nur Antwortzeit, sondern auch Konsistenz, Robustheit, Antwortqualität und Erwartungstreue. Hinzu kommt neu die „Erlebnis-Performance“: „wie oft muss ich interagieren, bis ich mein gewünschtes Ergebnis erhalte?“, ist hier besonders relevant und liefert nicht-funktionalen Wert - die wahrgenommene Effizienz über mehrere Interaktionen mit dem System hinweg.

- Sicherheit umfasst nicht nur Zugriffsschutz, sondern beispielsweise auch Prompt Injection – also gezielte Manipulationen der Eingabeaufforderung mit dem Ziel, das Modell zu steuern oder zu unterlaufen. Außerdem müssen fehlerhafte Outputs, Datenlecks und auch ethische Richtlinien und regulatorische Anforderungen betrachtet werden – etwa bei Training, Datenverwendung oder Auditierbarkeit.
- Kosten entstehen nicht nur in der Entwicklung, sondern vor allem durch Nutzung – pro Token, pro Anfrage, pro Userinteraktion als Resultat von Modellwahl, Prompting-Praktiken und Nutzungsmustern.

Diese Aspekte sind nicht Beiwerk – sie sind integraler Bestandteil jeder ernst gemeinten Anforderungsanalyse. Auch hier gilt: Die Welt der deterministischen IT ist nicht verschwunden – aber sie ist eingebettet in ein neues Umfeld.

Technische Antworten auf die genannten Herausforderungen liefern wir in den Kapiteln **Softwarearchitektur – Das Unkontrollierbare kontrollieren**, **Qualität: Von exakter Gleichheit zu vertrauenswürdiger Unschärfe** und **Sicherheit: Schutzmauern für LLMs errichten**.

Anforderungsanalyse als dialogische Disziplin

Es geht nicht mehr um das Sammeln von Anforderungen, sondern um das gemeinsame Entwickeln von Zielbildern. Es geht nicht mehr um Sicherheit durch Spezifikation, sondern um Orientierung durch Szenarien, Feedback und Prototyping. Die Anforderungsanalyse wird zur dialogischen Disziplin.

Und genau darin liegt ihre neue Stärke: Sie wird vom Statischen zur lebendigen Praxis – zur Kunst, der Unschärfe Richtung zu geben. Wir möchten Szenarien erzählen, statt Funktionen zu beschreiben.

Eine gute Anforderung ist weniger eine Liste von Features als ein gut erzählter Möglichkeitsraum: Wer ist in welchem Moment in welcher Situation? Was braucht diese Person – emotional, kognitiv, funktional? Wie könnte ein sprachbasiertes System darauf reagieren – in Form, Inhalt und Tonalität?

Praxisbeispiel

Klassische vs. szenarienbasierte User Story

V1 - Klassische User Story: *„Als Marketingverantwortliche möchte ich die Kundenzahl pro Monat in der Zusammenfassung sehen können, damit ich Kampagnen effizient planen kann. Akzeptanzkriterium: Der Service, der die wöchentliche Zusammenfassung erstellt, fragt zuvor die Kundenzahl über die Customer Relationship Management (CRM) Schnittstelle ab und zeigt diese an."*

→ Diese Story ist eindeutig, schätzbar, testbar und passt in klassische Backlogstrukturen. Sie geht von einem Datenzugriff aus, der exakt definiert, was „Kundenzahl" bedeutet, welche Quelle anzuzapfen ist, und wie der Output dargestellt wird als Teil der Report-Zusammenfassung. Interpretation, Kontext und Unsicherheiten bleiben außen vor.

V2 - Szenarienbasierte, dialogische User Story: *„Als Marketingverantwortliche möchte ich besser verstehen, wie sich unsere Daten, z. B. die Kundenzahl entwickelt. Ich bin unsicher, wie ich die Werte aus dem CRM erhalte. Ich möchte das System in natürlicher Sprache fragen können, wie es die Zahlen herleitet, welche Quellen es nutzt und wie es mit Lücken oder Ausreißern umgeht. Ich möchte bei Bedarf nachfragen, eine Interpretation bekommen und gemeinsam ein Gefühl für die Dynamik entwickeln. Alle Daten des CRM sollen abfragbar sein.*

Beispielhafter Dialog:

User: Wie viele aktive Kunden hatten wir im Juni – und was sagt uns das?
AI: Im Juni wurden im CRM 4.823 aktive Kunden erfasst. Dabei gelten Kunden als „aktiv", wenn sie im betreffenden Monat mindestens eine Bestellung abgeschlossen haben. Zur Einordnung: Das sind rund 4 % weniger als im Mai. Auffällig ist, dass die Rückläuferquote im Juni gestiegen ist – sie lag bei 19 %, gegenüber 13 % im Vormonat. Ein möglicher Grund ist die Lieferverzögerung in KW 23, die vermehrt zu Stornierungen geführt hat. Die Zahlen liegen im Rahmen der saisonalen Schwankungen, zeigen aber erstmals seit Februar eine Trendumkehr.

→ Diese neue Art der User Story beschreibt kein Feature, sondern eine Interaktionsbeziehung. Sie ist subjektiv, explorativ und ergebnisoffen – aber nicht beliebig. Sie erzeugt ein klares Bild davon, wie das System wirken soll: nicht durch präzise Antwort, sondern durch einen sinnvollen Dialog im Unklaren.

Diese Art der Szenarien beschreibt also nicht nur das Was, sondern auch das Wie der Interaktion. Sie gibt Hinweise auf mögliche Eingaben der User, auf notwendige Klarstellungen, auf mögliche Missverständnisse. Und sie macht deutlich: Anforderungen an GenAI sind immer auch Anforderungen an Atmosphäre, Vertrauen und Resonanz.

Hierzu ein paar Best Practices aus unserer Projekterfahrung:

1. Frühzeitig gemeinsam schreiben
   Was das System „tut", ergibt sich nicht aus einer Funktionsliste, sondern aus dem Zusammenspiel von Prompt, Datenlage, Antwortlogik und Interaktionsdesign. All das ist Sprache – und Sprache ist ambivalent. Statt also Anforderungen zu dokumentieren, lohnt es sich, sie gemeinsam zu formulieren: Wie soll die Antwort klingen? Was soll das System im Zweifel tun? Welche Wörter erzeugen Vertrauen – und welche nicht? Solche Fragen lassen sich nicht im Vorfeld entscheiden. Sie müssen im Tun bearbeitet werden – iterativ, dialogisch, kontextbezogen. Teams, die von Anfang an gemeinsam schreiben – Prompts, Antwortvorschläge, Fehlermeldungen, Tonalitätsbeispiele – kommen schneller zu einem System, das anschlussfähig an reale Bedürfnisse ist.
2. Beispiele sammeln statt Anforderungen definieren
   Viele Anforderungen an GenAI lassen sich nicht in abstrakten Formulierungen beschreiben. Zu viel davon ist implizit: Was als „hilfreich", „verständlich" oder „neutral" empfunden wird, hängt vom Kontext, der Situation und der Person ab. Deshalb sind Beispiele das stärkste Anforderungsformat in GenAI-Projekten. Realistische Beispiele zeigen, wie User denken, fragen, zweifeln. Sie offenbaren, was weggelassen wird, wie Sprache rhythmisiert ist, welche Begriffe verwendet – oder vermieden – werden. Absurde Beispiele helfen, die Grenzen der Systeme auszuloten. Und bewusst irreführende Beispiele testen, ob das System wirklich robust ist. In der Praxis heißt das: Teams sammeln Dutzende Beispiele typischer Fragen und unerwarteter Formulierungen. Daraus entstehen Anforderungen, die nicht „funktional" sind, sondern erlebt, gespürt, befragt werden – und dadurch belastbarer sind.

Praxisbeispiel

Exploratives Testen im Team

In einem unserer Projekte haben wir anhand der Anforderungen eine Vielzahl von Szenarien in Form möglicher Fragen und Dialogstrecken generiert und in einem Mix aus manuellen Tests und Automatisierung validiert. Als wertvolle Ergänzung wurden gemeinsame Explorationssessions etabliert. Jede zweite Woche hat sich das gesamte Team bestehend aus Entwicklung, Softwarearchitektur und fachlicher Expertise für eine Stunde zusammengefunden und bewusst unterschiedliche Szenarien und neue Fragestellungen manuell durchgetestet mit dem Ergebnis, dass Lücken aufgedeckt und Unklarheiten direkt gemeinsam geklärt werden konnten. Dabei wurden verschiedene Journeys abgebildet und Nutzung simuliert – von Usern, die das System wie vorgesehen verwenden bis hin zu solchen, die gezielt versuchen Antworten auf Fragen zu erhalten, die das System nicht unterstützen soll.

3. Fachlichkeit und Sprache gemeinsam denken
   Viele Projekte starten getrennt: Fachlichkeit auf der einen Seite, Verhalten des Systems auf der anderen. Während Punkt 1 das gemeinsame Schreiben im Projektalltag betont, geht es hier um etwas Tieferes: Fachliche Präzision und sprachliche Gestaltung sind in GenAI-Systemen keine getrennten Disziplinen mehr. Generative Modelle „wissen" nichts – sie erzeugen plausible Sprache. Und Fachlichkeit ist immer auch sprachlich vermittelt. Ob diese Sprache aber auch fachlich trägt, hängt vom Zusammenspiel von Domänenwissen und Sprachsteuerung ab. Das heißt: Fachliche Präzision entsteht nicht allein durch gute Datenmodelle, sondern durch kluge sprachliche Steuerung – durch Prompts, Beispiele, Formulierungen. Und umgekehrt: Sprachliche Wirkung braucht fachliches Rückgrat, um vertrauenswürdig zu sein.

Anforderungen jenseits des Dialogs

In vielen aktuellen Projekten mit generativer KI steht die dialogische Interaktion im Zentrum: User stellen Fragen, erhalten Antworten, erleben Wirkung in Form von Text, Sprache oder Visualisierung. Anforderungen werden dabei häufig entlang dieser Interaktionen formuliert – etwa in Form von Tonalitätsvorgaben, Zielbildern für die Systemantwort oder Kriterien für hilfreiches Verhalten.

Doch mit zunehmender Reife solcher Systeme wächst ihr Einsatzspektrum. GenAI-Systeme übernehmen nicht mehr nur kommunikative Aufgaben, sondern zunehmend operative Teilaufgaben innerhalb arbeitsteiliger Prozesse. Die Systeme „sprechen" nicht mehr nur mit User, sie handeln im Kontext eines Prozesses, Teams oder einer Organisation, teilweise und bestenfalls auch autonom. Für die Anforderungsarbeit bedeutet das: Es genügt nicht, Wirkungsziele für Antworten zu definieren. Stattdessen müssen auch Handlungslogiken, Auslösekriterien und Verantwortungsgrenzen beschrieben werden.

Sobald generative Systeme selbst agieren und mit anderen Systemkomponenten, Datenquellen oder menschlichen Rollen verknüpft werden, entsteht ein neues Anforderungsfeld. Es geht nicht mehr um punktuelle Assistenz, sondern um strukturelle Einbindung.
Beispiele:

- Tägliche Generierung und Versand von statusbezogenen Zusammenfassungen, basierend auf strukturierten und unstrukturierten Eingangsdaten

- Vorqualifizierung eingehender Anfragen, Routing-Empfehlungen für nachgelagerte Bearbeitung
- Redaktioneller Entwurf interner Entscheidungsgrundlagen anhand aktueller Informationslage
- Vorschlagsgenerierung für Response-Texte im Servicekontext, inklusive Tonalitätsadaption und Redaktionsvorgabe
- Automatisierte Marktanalyse anhand aktueller Reports, Trends, News und Social Media Feeds der Konkurrenz

Solche Aufgaben sind nicht rein dialogisch (können es aber sein!) – sie folgen prozessbezogenen Anforderungen. Sie erfordern nicht nur sprachliches Verhalten, sondern die Fähigkeit, Kontexte zu interpretieren, Aufgaben auszuführen und Ergebnisse bereitzustellen, die in einen größeren Zusammenhang eingebettet sind.

Die Anforderungsarbeit für operative GenAI-Integration erfordert ein neues Verständnis für Systemverhalten unter Unsicherheit. Denn: Das System wird nicht nur auf Anfrage reagieren – es wird tätig. Die Konsequenz:

- Kontrolllogiken müssen mitgedacht werden: Wie kann Wirkung beobachtet, validiert und ggf. gestoppt werden (siehe **UX für das Ungewisse**)?
- Fallbacks und Rollbacks werden Teil der Spezifikation: Was passiert, wenn Ergebnisse unbrauchbar, lückenhaft, missverständlich sind?
- Systemgrenzen verschieben sich: Was früher alleinig beim Menschen lag, wandert nun ins System oder wird geteilt.
- Verantwortung wird neu verhandelt: Wer haftet, entscheidet, verwirft?

Die Systeme übernehmen zunehmend nicht-interaktive, aufgabenbezogene Rollen im Systemgefüge und verhalten sich nicht nur sprachlich, sondern handeln strukturell. Anforderungen an solche Systeme müssen diese Verschiebung reflektieren: weg von Dialogsteuerung, hin zu prozessbezogener, rollenorientierter Aufgabenspezifikation.

Nicht nur wie das System antwortet, sondern *wo, wann und mit welcher Wirkung* es handelt wird zur zentralen Frage in der Entwicklung produktiver, verlässlicher und intelligenter AI-gestützter Systeme.

When is it done? – Wie organisieren wir in Zukunft überhaupt noch eine Abnahme?

Die vielleicht schärfste Kollision zwischen klassischer IT-Logik und neuer GenAI-Realität entsteht beim Thema Abnahme. Denn die gewohnte Idee, ein Projekt mit einem Vertrag und fixen Abnahmekriterien „wasserdicht" zu definieren, setzt voraus, dass Anforderungen vollständig beschreibbar und Ergebnisse eindeutig überprüfbar sind. Genau das bricht aber weg. Die Abnahme ist traditionell der Moment größter Klarheit: Alles wurde umgesetzt, Tests sind bestanden, Akzeptanzkriterien erfüllt – das Projekt ist abgeschlossen.

Klassische Abnahmekriterien – „Funktion X liefert bei Eingabe Y das Ergebnis Z" – greifen zu kurz, wenn mehrere plausible Ergebnisse gleichzeitig „richtig" sein können oder wenn die Qualität einer Antwort nicht an formaler Korrektheit, sondern an Wirkung, Angemessenheit und Nutzbarkeit gemessen werden muss.

Was dabei leicht übersehen wird: Diese Verschiebung ist nicht bloß eine Verlängerung des agilen Gedankens. Agilität setzt auf Unvollständigkeit und iterative Konkretisierung – GenAI zwingt uns darüber hinaus in eine neue Form von Unschärfe: selbst bei identischen Anforderungen kann die Antwort variieren. Die Abnahme verliert dadurch ihre alte Binarität.

Das bedeutet: Abnahmeprozesse müssen sich verschieben –hin zu einem Resonanzraum, in dem Gespür, gegenseitiges Vertrauen, Szenarien, Feedback und definierte Qualitätsdimensionen gemeinsam mit Stakeholdern erprobt werden.

Ein möglicher Weg liegt in neuen Formen der Abnahme selbst:

- Fester Rahmen, beweglicher Kern: Wie in agilen Modellen wird ein klar umrissener Projektumfang (Budget, Zeitrahmen, grundlegende Architektur) durch iterative Szenarienarbeit gefüllt. Neu ist, dass auch die Ergebnisse selbst nicht mehr als fix beschreibbare Features verstanden werden können, sondern als Wirkung, die in Szenarien erprobt und gemeinsam konkretisiert wird. Beweglichkeit meint hier nicht nur den Weg zum Ziel, sondern das Zielbild selbst.
- Wirkung statt plain Features: Abnahmekriterien werden als erlebbare Nutzungsszenarien und Impact formuliert, nicht nur als technische Featurelisten.
- Gemeinsame Leitplanken: Definiert werden Kategorien wie Konsistenz, Transparenz, Nutzen, Sicherheit – und deren Bewertung durch Testagenten, Nutzerfeedback und Fachteams.

- Phasenweise Abnahme: Statt einmaligem Abhaken von Tickets oder einem „Go-Live“ mit binärer Freigabe entstehen iterative „Wirkungsfenster“, in denen das System in kontrollierten Umgebungen erlebt, getestet, bewertet und gemeinsam freigegeben werden.

Die Pointe: Abnahmen sind auch im GenAI-Kontext möglich – aber nicht mehr als agile Feature-Schleifen oder auf der Basis deterministischer Spezifikationen, sondern auf der Basis klar definierter Wirkungsziele und Bewertungsprozesse. Der Preis bezieht sich nicht mehr auf die reine Funktion oder vollständige Vorhersehbarkeit der Wirkung, sondern auf den Rahmen, innerhalb dessen Resonanz und Unsicherheit systematisch bearbeitet wird.

Oder aber: Wie wäre es sogar mit Impact als Abrechnungsgröße und einer kompletten Veränderung des ökonomischen Modells? Unsere Abnahmen koppeln sich nicht mehr an eine Liste starrer Funktionalitäten, sondern an die *zugesagte Wirkung*. „Impact“ wird damit zur neuen Abrechnungsgröße: Hat das System die erwartete Verbesserung erzielt – etwa in Form von Nutzerentlastung, Prozessbeschleunigung oder qualitativer Resonanz?

Das setzt eine doppelte Bewegung voraus. Einerseits braucht es messbare Kriterien, die den gewünschten Impact konkretisieren: etwa Antwortzeiten, Nutzerzufriedenheit, Reduktionsraten von Bearbeitungsaufwänden oder auch die Konsistenz von Antworten im Fachkontext. Andererseits braucht es Vertrauen: Denn viele Effekte entfalten sich erst im Erleben, nicht im Vorfeld. Kunden und Entwicklungsteams müssen akzeptieren, dass Wirkung nur gemeinsam sichtbar und damit auch nur gemeinsam bewertbar wird.

So verschiebt sich auch die Logik der Abnahme: Weg vom „Was genau wird geliefert?“ hin zu „Welche Wirkung wollen wir sehen – *und wie messen wir, ob sie eintritt?*“. Ein lernendes Modell akzeptiert diese Unsicherheit, bindet sie in Szenarien und Bewertungsprozesse ein und schafft dadurch Verlässlichkeit. Impact-basierte Abrechnung verlangt daher nicht nur technische Artefakte, sondern ein neues Fundament der Zusammenarbeit: Vertrauen in das iterative Aushandeln und in die gemeinsame Bewertung von Wirkung.

Key Findings

- **Iterativ statt final**
  Anforderungen sollten als veränderbare Hypothesen behandelt werden. Sie entstehen nicht einmalig, sondern entwickeln sich durch Prototypen, Tests und kontinuierliche Beobachtung. Jeder Prototyp ist ein Werkzeug, um Annahmen zu überprüfen und zu schärfen, nicht nur ein Zwischenschritt zum „fertigen“ System

- **Szenarien vor Spezifikationen**
  Statt abstrakter Funktionslisten hilft es narrativ beschriebene Nutzungsszenarien, Erwartungen und Systemverhalten früh abzugleichen. Sie machen implizite Annahmen sichtbar, erleichtern die Diskussion mit Stakeholdern und dienen als gemeinsamer Referenzrahmen für Fachlichkeit, UX und Technik.

- **Erwartungen explizit machen**
  Überzogene Hoffnungen und Ängste vor Kontrollverlust gehören zu den größten Hindernissen in frühen Projektphasen. Beide sollten aktiv thematisiert werden, am besten bevor die technische Umsetzung in Ausbaustufen startet. Dazu gehört auch, klare Aussagen zu machen, was das System nicht leisten kann oder darf.

- **Strategische Einbettung sichern**
  Anforderungen sollten nicht isoliert am Einzel-Use-Case hängen bleiben. Früh klären, wie das Vorhaben in die Gesamtstrategie passt und welche längerfristigen Wirkungen im Unternehmen gewünscht sind. Der kombinierte Top-Down-/Bottom-Up-Ansatz verbindet Vision mit pragmatischer Erprobung und erleichtert Governance- und Skalierungsentscheidungen.

- **Nicht-funktionale Faktoren aktiv steuern**
  Aspekte wie Erlebnis-Performance (z. B. wie schnell User ihr Ziel erreichen), Sicherheit und laufende Nutzungskosten sind gleichwertige Erfolgskriterien. Sie müssen von Beginn an definiert, gemessen und optimiert werden und das nicht erst am Ende.

- **Freiheit vs. Kontrolle bewusst wählen**
  Jedes GenAI-System bewegt sich im Spannungsfeld zwischen kreativer Vielfalt des Sprachmodells und konsistenter Vorhersagbarkeit. Die Balance muss projekt- und kontextabhängig gewählt werden. Hohe Freiheit durch offeneres Prompting bringt mehr Inspiration, erfordert aber Akzeptanz für unvorhersehbare Ergebnisse. Hohe Kontrolle reduziert das Risiko, kann aber Innovationspotenzial eingrenzen.

- **Handlungslogiken definieren**
  Wenn das System nicht nur antwortet, sondern eigenständig handelt, müssen Auslöser, Kontrollmechanismen und Verantwortlichkeiten klar festgelegt sein. Dazu gehören Regeln für Monitoring, Fallbacks und Rollbacks, um Fehlverhalten rechtzeitig zu erkennen und zu korrigieren, im Fall der Fälle.

- **Impact als Abnahmekriterium ernst nehmen**
  Abnahmen messen sich nicht länger nur an funktionaler Vollständigkeit, sondern müssen die tatsächliche Wirkung ins Zentrum stellen. Dazu gehören messbare Indikatoren wie Nutzerzufriedenheit, Prozessverbesserung oder qualitative Resonanz – aber auch das Vertrauen, dass manche Effekte erst

im Erleben sichtbar werden. Damit entsteht ein neues Abrechnungsmodell: Wirkung statt Featureliste.

Product Ownership – Ownen der Unsicherheit

Die neue Zumutung der Entscheidung

Es gibt Fragen, die sich als stille Achsen durch ganze Projekte ziehen. Sie werden nicht immer offen gestellt, aber sie sind immer da – in der Diskussion, im Review, im Austausch: *„When is it good enough?"*

Denn wer mit LLMs arbeitet, erlebt: wir sind an einem Punkt, an dem der Begriff „fertig" selbst problematisch wird. Es gibt kein finales „Fertig", kein sauberes „Richtig" oder „Falsch", keine Feature-Abnahme nach Checkliste. In der Entwicklung mit GenAI ist diese Frage also nicht nur legitim – sie ist unvermeidlich.

Die Rolle des Product Owner (PO) – traditionell „Wächter über Backlog, Priorisierung und Zielbild" – wird in diesem Kontext zur sensiblen Führungsfigur in einem vielstimmigen Spannungsfeld. Ihre Hauptaufgabe: Nicht das Erfüllen, sondern das Aushandeln. Nicht das Abhaken, sondern das Bewerten. Und vor allem: Nicht das Optimieren bis zur Perfektion, sondern das Verstehen und Entscheiden, wann etwas „gut genug" ist, um genau die richtige und pointierte Wirkung zu entfalten.

Dabei verschiebt sich grundsätzlich der Schwerpunkt der PO-Arbeit: Noch weniger technische Details und Projektmanagement – dafür mehr Brückenarbeit. Anforderungen müssen nicht nur funktional beschrieben, sondern sprachlich und fachlich anschlussfähig gestaltet werden für das gesamte Team und alle Stakeholder. Die Akzeptanz eines Systems ergibt sich nicht aus vollständigen Featurelisten, sondern aus dem Vertrauen in dessen Verhalten: Spricht es die Sprache der User? Verhält es sich erwartbar im jeweiligen Anwendungskontext? Wird es als souverän und nützlich erlebt?

Damit wird die Arbeit der Product Owner zur kommunikativen Schlüsselrolle: zwischen Nutzerverständnis und Modellverhalten, zwischen Unsicherheit und Wirkung, zwischen Möglichkeiten und Zumutungen. Die fachliche Autorität ergibt sich nicht aus Kontrolle über das System, sondern aus der Fähig-

T. Pfattheicher et al., *When is it good enough? – Softwareprojekte im Zeitalter generativer KI*,
https://doi.org/10.1007/978-3-658-50100-6_6

keit, Wirkung zu beobachten, Unterschiede zu erklären und Entscheidungen anschlussfähig zu machen.

Denn mit der Geschwindigkeit, in der LLMs Entwürfe, Antworten, Designs, Inhalte auswerfen, kommt eine neue Art der Zumutung: die permanente Verfügbarkeit halbguter Ergebnisse. Alles scheint schon irgendwie da und okay. Doch alles ist noch nicht richtig gut. Fertige Werkzeuge liefern out-of-the-box in Minuten Ergebnisse, für die früher Wochen nötig waren – aber diese Ergebnisse sind roh. Schnell da, aber nicht fertig. Beeindruckend, aber nicht abgestimmt.

In diesem Spannungsfeld finden sich die Product Owner wieder – als Navigationsinstanz eines Möglichkeitsraums, in dem das „Genug" zur wichtigsten Ressource wird. Wer nun versucht, dieses rohe Material direkt in Hochglanzprodukte zu verwandeln, scheitert meist an falschen Prioritäten. Der Impuls, Formulierungen, Details, Design, UX, Markensprache und ästhetische Kohärenz sofort durchzuziehen, verkennt: Die echte Arbeit beginnt mit dem Inhalt, mit der fachlichen Belastbarkeit, mit der Frage, ob das generierte Verhalten überhaupt den Kern des Problems trifft.

Der Feinschliff – Design, Tonalität, UX-Finesse – ist relevant. Aber er setzt voraus, dass die Substanz trägt. Sonst bauen wir eine perfekte Verpackung um einen instabilen Kern. Obwohl dies auch auf klassische Softwareprojekte zutrifft, wird dies in LLM-basierten Applikationen nochmals deutlicher. Durch die Subtilität zwischen gut klingenden, aber nicht adäquaten Antworten und solchen, die „gut genug" sind, findet der Feinschliff nicht auf der rein funktionalen, sondern auf der semantischen Ebene statt. Es gilt das sprachbasierte Fundament zu schaffen und den Schalter von „Schein" auf „Sein" umzulegen.

Der PO muss in solchen Momenten Prioritäten setzen.

Das ist keine Geringschätzung oder Ignoranz gegenüber des Nutzererlebnisses, sondern eine bewusste, strategische Reihenfolge. Perfektion an der falschen Stelle ist keine Qualität, sondern Verschwendung. In der Arbeit mit GenAI bedeutet Qualität, den Punkt zu finden, an dem fachliche Belastbarkeit steht, bevor Aufwände in Feinschliff fließen. Die Rolle der Product Owner ist dabei, zwischen Geschwindigkeit und Substanz zu vermitteln – nicht, weil Details unwichtig wären, sondern weil sie erst dann Wirkung entfalten, wenn der Kern tragfähig ist. Die Priorisierung von fachlicher Stimmigkeit über ästhetischen Glanz ist keine Einschränkung, sondern ein Schutz davor, eine perfekte Hülle um einen instabilen Kern zu legen.

Kundenführung 2.0: Zwischen Wunschdenken und Wirklichkeit

Wer GenAI-Projekte leitet, betreibt permanentes Erwartungsmanagement. Und diese Erwartungen sind oft durchzogen von Mythen: „Die KI wird das doch wohl erkennen", „Das ist doch ein einfacher Use Case", „Das kann ChatGPT ja auch".

Hier kollidieren zwei Welten:

- Die Welt der Projektstakeholder, die von „intelligenter Automatisierung" träumen
- Die Welt des tatsächlichen Systemverhaltens, das probabilistisch, situativ, manchmal irritierend ist

Die Suche nach Use Cases für GenAI ist häufig der Ausgangspunkt für Innovationsteams. Doch diese Suche wird erschwert durch die Tatsache, dass GenAI weniger neue Domänen eröffnet als bestehende Prozesse transformiert und digitalisiert – oft auf subtile, tiefgreifende Weise. Dennoch lassen sich typische Anwendungscluster beobachten, die als Ausgangspunkt dienen können:

- Textuelle Aufgaben mit Redundanz oder Erklärungsbedarf: z. B. Erstellung, Zusammenfassung, Umschreibung oder Kategorisierung von Inhalten – sei es in Customer Support, Wissensmanagement, Personalentwicklung oder Vertrieb.
- Datenverfügbarmachung für den Menschen: z. B. semantische Suche, Exploration, Extraktion oder Übersetzung großer Textmengen in verständliche Antworten.
- Assistenz bei komplexem Denken: z. B. strukturierende, vergleichende, bewertende Aufgaben – etwa in der Produktanalyse, Strategieentwicklung oder rechtlichen Prüfung.
- Kommunikationsschnittstellen: Chatbots, Agenten oder Feedbacksysteme, die in natürlicher Sprache als Brücke zu komplexen Systemen fungieren.

Diese Cluster sind nicht trennscharf. Sie überlappen, entwickeln sich weiter und fordern jeweils unterschiedliche Formen von Klarheit, Kontext und Steuerbarkeit.

Statt nach dem „einen" großen Use Case zu suchen, hilft es oft, explorativ in drei Richtungen zu denken:

1. *Was ist heute mühsam, aber sprachlich beschreibbar?*
   Viele repetitive, auf Regeln oder Interpretationen basierende Tätigkeiten lassen sich mit GenAI unterstützen, sofern sie sich sprachlich modellieren lassen.

2. *Wo wird Wissen gebraucht, aber nicht gefunden?*
   Ob interne Dokumentation, externe Regulatorik oder Erfahrungswissen: Überall dort, wo Wissen zwar vorhanden, aber nicht zugänglich ist, entsteht Potenzial für LLMs.
3. *Wo sind Menschen heute Verantwortliche für Entscheidungen unter Unsicherheit?*
   Wenn Entscheidungen nicht durch Daten, sondern durch Erfahrung, Sprache und Kontext gefällt werden, kann GenAI strukturierend, erklärend oder entlastend wirken.

Diese Fragen helfen, nicht nur Automatisierung zu denken, sondern auch Entlastung, Ermöglichung und neue Formen der Zusammenarbeit.

Product Owner werden nicht nur Anforderungen dafür sammeln, sondern auch Erwartungen entzaubern und Wirklichkeitsbilder justieren. Sie führen nicht nur das Team, sondern auch die Stakeholder – Sie erklären, warum ein Sprachmodell sich so verhält, wie es sich verhält. Warum der gleiche Prompt heute anders wirkt als gestern.

Und sie müssen eine unbequeme Wahrheit aushalten: „richtig" und „falsch" sind keine stabilen Kategorien mehr. Wir verlassen den Raum der deterministischen Systeme. Wir betreten den Raum der interpretierten Systemwirkung.

Das bedeutet: Ein Feature kann nicht anhand von binären Erfolgskriterien abgenommen werden. Es muss erlebt, bewertet, eingeschätzt werden. Feedback wird zum dominanten Kontrollinstrument und damit zur zentralen Managementaufgabe.

Der PO wird so zum Navigator durch den Ozean der Unschärfe, zum ***„Uncertainty Specialist"***. Er versteht den Wert aber auch die Limitationen der Technologie und handelt nicht nur Wunsch und Wirklichkeit, sondern auch das Spektrum zwischen divergierendem „Wow!" und konvergierender Sicherheit permanent und souverän zwischen Usern, Sponsoren und Entwicklungsteam aus.

! Information

Was wir brauchen: Der „Uncertainty Specialist"

Die Projektrollen verschieben sich in GenAI-Projekten grundlegend. So auch die Product Owner Rolle: sie umfasst neben Priorisierung und Anforderungsmanagement auch die aktive Gestaltung von *Uncertainty*-Erwartungsräumen – ununterbrochen, intern wie extern.

Der Uncertainty Specialist:

- vermittelt, was Systeme leisten können – und was nicht

- erklärt, warum ein Modell anders reagiert als erwartet
- bewertet Ergebnisse nicht nur funktional, sondern situativ und kontextabhängig
- erkennt, welche Wirkungen gewollt und welche Nebenwirkungen unerwünscht sind
- strukturiert Feedback systematisch – nicht als „Meinung", sondern als qualitative Beobachtung von Systemverhalten
- schafft Orientierungsmarker in Projekten, in denen sich das „richtige Verhalten" nicht aus einer Spezifikation, sondern aus Wirkung und Akzeptanz ergibt
- wirkt an der Erstellung von Prompts mit und bildet so eine Brücke zwischen Domänenwissen und technischer Umsetzung

Diese Rolle erfordert kein Expertentum in Modellarchitektur – wohl aber ein tiefes Verständnis für LLMs und Verhalten unter Unsicherheit: in der Technologie und im Dialog mit dem Team.

Feedback-Management als Schlüsselkompetenz

Austausch und Rückmeldung ist selten so zentral – und so gefährlich. Denn Feedback ist nicht gleich Feedback:

- Meinung: Subjektive Einschätzung („Das klingt komisch")
- Anforderung: Wunsch an das System („Soll den User duzen")
- Erwartung: Impliziter Bias („Ich dachte, die KI würde mir Vorschläge machen")
- Beobachtung: Deskriptives Verhalten („Antwortet immer mit Bullet Points")

Diese Differenzierung ist kein Selbstzweck. Sie entscheidet darüber, ob ein System gezielt weiterentwickelt wird – oder etwas im Rauschen der Eindrücke untergeht. Der PO wird so zum Kurator von Feedback: sammelt, filtert, strukturiert und macht bewertbar, was andere fühlen.

Ein kleines Beispiel: In einem Meeting äußerte der Fachbereich den Wunsch: *„Die KI soll bitte nur dann Ergebnisse anzeigen, wenn sie sich sicher ist."* Klingt sinnvoll – ist aber technisch schwer zu fassen. Was bedeutet „sicher"? 95 % Wahrscheinlichkeit? Keine Halluzination? Konsens über mehrere Modelle hinweg?

Der PO versuchte, diese Anforderung zu klären – und merkte schnell: Dahinter steckte nicht eine präzise Erwartung, sondern ein Bedürfnis nach Vertrauen und Kontrollierbarkeit. Hier zeigt sich ein zuvor beschriebenes Konzept: Ambiguitätstoleranz. Wenn es hier um Feedback geht ist diese Toleranz nicht nur Aushalten, sondern auch Übersetzen – zwischen Bedürfnis und Technologie.

Wann ist ein KI-Feature „fertig“?

Die klassische Softwarewelt kennt klare Kriterien: Unit Tests laufen, Funktionalität stimmt, User Interface (UI) passt, Stakeholder geben Go. Doch bei generativen Features sind die Kriterien oft:

- „Es fühlt sich gut an.“
- „Es versteht mich und antwortet wie erwartet.“
- „Die Antwort passt zu meiner eingegebenen Frage.“

Das klingt vage – aber es entstehen einfach neue Heuristiken:

- Wird das System im intendierten Szenario verstanden?
- Ist das Antwortverhalten konsistent genug?
- Fühlt sich das Ergebnis für die User brauchbar an?

Diese Fragestellungen lassen sich zumindest in weiten Teilen operationalisieren und automatisieren (siehe Kapitel **Qualität: Von exakter Gleichheit zu vertrauenswürdiger Unschärfe**) und trotzdem ist das „Fertig“ im KI-Kontext eine Entscheidung unter Unsicherheit. „Fertig“ heißt nicht mehr: abgeschlossen. Es heißt: bereit für Resonanz.

Anforderungen sind oft keine Tickets mehr mit „Akzeptanzkriterien“, sondern Szenarien und Verhaltensideen (siehe Kapitel **Anforderungsanalyse – Navigieren im Nebel**). Es braucht mehr Austausch, mehr Kontext, mehr Co-Creation. In solchen Projekten stellt sich plötzlich eine ungewohnte Herausforderung: Wie entscheide ich über ein Verhalten, das sich nicht zuverlässig wiederholen lässt? Die Kommunikation zwischen Stakeholdern und Entwicklungsteams verändert sich grundlegend.

Wir müssen präzise Beobachtungen benennen, sie einordnen und im Zusammenspiel mit Design, Prompting und technischer Architektur verorten.

Intuition entwickeln: Sprechen mit Maschinen

Ein zentrales Werkzeug wird dabei oft unterschätzt: Sprache. Sprachmodelle werden durch Sprache gesteuert, gefüttert, bewertet. Wer ein gutes KI-Projekt verantworten will, muss ein Gefühl dafür entwickeln, wie Sprache wirkt.

Wir wollen Sprachmuster explorieren, Reaktionen beobachten, prompten, variieren, nachfragen. Wie bei einem neuen Teammitglied. Verständnis kommt im Gespräch, durch Erfahrung und Gespür.

Missverständnisse mit Menschen – die kennen wir. Mit Maschinen erleben wir sie nun ebenso. Das bedeutet: Wir brauchen neue Gesprächskompetenz, Empathie für Antwortverhalten, Sprachsensibilität als strategisches Werkzeug.

Vom Prototyp zur Wirkung – was zwischen „funktioniert" und „hilft" liegt

In vielen GenAI-Projekten entsteht früh ein funktionierender Prototyp. Zwei, drei Prompts, etwas Frontend, ein hübscher Chatverlauf – das Ergebnis ist beeindruckend. Es wirkt lebendig, ansprechbar, schnell. Der Eindruck: „Wir sind bei 70 %". Doch das täuscht.

Denn der Schritt vom funktionierenden Proof of Concept (PoC) zu einem wirklich nutzbaren, verlässlichen, anschlussfähigen Minimum Viable Product (MVP) ist kein kontinuierlicher Übergang. Er ist ein Gestaltungsbruch. Was folgt, ist nicht einfach Finetuning – sondern ein tiefer, oft zäher Feinschliffprozess:

- Prompt Engineering wird robust gemacht: Varianten, Parameter, Prompt-Zweige, Failure-Modes – statt „ein schöner Prompt" braucht es ein Set aus promptlogischen Entscheidungsbäumen, siehe auch Kapitel **Softwarearchitektur – Das Unkontrollierbare kontrollieren**.
- Formulierungen werden gechallenged: Was zuvor elegant klang, wird hinterfragt: Ist das inklusiv? Ist es präzise? Vermittelt es das richtige Maß an Sicherheit, an Nähe, an Autorität?
- Edge-Cases werden sichtbar: Falsche Rückfragen, „Unsinnsantworten", Absätze mit halluzinierter Autorität. Jetzt zeigt sich, wie gut das System unter Druck ist – in Ambiguität, bei Fehlinput, in Eile.
- Das UI wird abgestimmt: Sprachsysteme brauchen andere UI-Elemente – Statusanzeigen, Kontext-Erklärungen, Eingriffsmöglichkeiten. Ein Chat allein reicht nicht.
- Sicherheitsmechanismen kommen hinzu: Logging, Kuratierung von Datenquellen, Eskalationspfade, Ablehnungslogik – oft zum ersten Mal strukturiert gedacht.
- Nicht-funktionale Anforderungen tauchen auf: Antwortzeit, Promptkosten, Datenschutz, erklärbare Logik, Recovery nach Fehlern – das alles bekommt erst jetzt Gewicht.

Der PO steht damit vor einer paradoxen Aufgabe: Die Lösung „funktioniert" – aber sie ist noch nicht hilfreich genug. Jetzt beginnt die eigentliche Führungsarbeit: Entscheidungen im Unklaren, Ressourcenplanung ohne klare Metriken, Kommunikation mit Stakeholdern, die Wirkung statt Funktion verstehen müssen.

Und genau hier fehlt vielen Teams ein systematisches Verständnis: Wie erkennen wir, ob ein GenAI-System „reif" ist? Wann ist es „gut genug" – und für wen? Um diese abstrakte Fragestellung adressierbar zu machen vermittelt der PO zwischen Wünschen, Zielen und impliziten Erwartungen einerseits und einer technischen Realisierung in Form passender Architektur inkl. Prompts und automatisierter Qualitätserfassung und -messung unter Unsicherheit andererseits.

Key Findings

- **„Gut genug" als schwierige Metrik**
  Es gibt selten ein binäres „fertig". POs müssen den Punkt bestimmen, an dem ein Feature oder Ergebnis im Nutzungskontext ausreichend tragfähig ist, um Wirkung zu entfalten – auch wenn es technisch oder formal noch nicht perfekt ist. Das erfordert Beobachtung, Einschätzung und aktives Aushandeln zwischen Stakeholdern. Dieser Referenzpunkt strukturiert Entscheidungen und verhindert endlose Optimierungsschleifen.
- **Substanz vor Feinschliff**
  Ergebnisse werden vorrangig auf fachliche Belastbarkeit geprüft, bevor Ressourcen in Design, Tonalität oder UX-Details investiert werden. Dies stellt sicher, dass der ästhetische oder sprachliche Feinschliff auf einer stabilen inhaltlichen Grundlage aufsetzt.
- **Erwartungen aktiv managen**
  Die Diskrepanz zwischen Stakeholder-Vorstellungen und realem Systemverhalten erfordert ständige Erläuterung. Regelmäßige Demos und Testszenarien machen probabilistisches Verhalten, Schwankungen und Systemgrenzen sichtbar und fördern ein realistisches Erwartungsbild.
- **Feedback differenziert erfassen und kuratieren**
  Nicht jede Rückmeldung ist gleich wertvoll. Der PO muss Feedback als Meinung, Anforderung, Erwartung oder Beobachtung klassifizieren und gezielt in Entwicklungsentscheidungen übersetzen. Diese Systematik verhindert, dass wichtige Beobachtungen im allgemeinen Meinungsrauschen untergehen.
- **Szenarien als Abnahmekriterium**
  Anstelle starrer Akzeptanzkriterien dienen realitätsnahe Szenarien als Prüf-

rahmen. Sie zeigen, ob das System in typischen Situationen verlässlich, konsistent und nutzbringend reagiert, und bilden so eine belastbare Grundlage für Iterationen.

- **Sprachsensibilität als Führungsinstrument**
  Da LLMs durch Sprache gesteuert und bewertet werden, gehört Sprachsensibilität zur Kernkompetenz eines POs. Gezielt formulierte Prompts, präzise Rückfragen und Varianten-Tests sind strategische Werkzeuge, um Systemverhalten zu lenken.
- **Vom Prototypen zur Wirkung**
  Der Übergang vom funktionierenden Prototyp zu einer produktiv nutzbaren Lösung erfordert eigenständige Ressourcen und Planung. In dieser Phase werden alle Qualitätskriterien rund um das Sprachmodell gezielt umgesetzt, um die Lösung im operativen Alltag tragfähig zu machen und weg von der Spielweise zu kommen.

UX für das Ungewisse

Warum Vertrauen wichtiger ist als Perfektion – und warum Gestaltung neu gedacht werden sollte.

Eine neue Schnittstelle: Sprache statt Klick

Wir sind es gewohnt, mit Interfaces zu arbeiten, die klar strukturiert sind: Buttons, Dropdowns, Checkboxes. Eine Aktion führt zu einer Reaktion. Die Nutzerin weiß, was passiert, wenn sie klickt – und der Klick ist ein Kontrollakt. Die Gestaltung digitaler Benutzeroberflächen basierte also immer auf einer stillschweigenden Voraussetzung: Systeme sind kontrollierbar. Und was kontrollierbar ist, lässt sich auch gestalterisch in den Griff bekommen – über klare Interaktionsmuster, hierarchische Navigationsstrukturen, visuelle Konsistenz. Diese Prinzipien sind nicht obsolet geworden. Aber sie operieren zunehmend am Rand, als Nebendarsteller.

Denn in Systemen, die mit generativer KI arbeiten, ist diese Klarheit verschwunden. Die Natur der Schnittstelle verändert sich. Die Interaktion erfolgt meist über Sprache – offen, unstrukturiert, ambig – und die *eigentliche Schnittstelle ist die Sprache selbst* – in beide Richtungen. Der User gibt nicht nur beliebige Anweisungen in natürlicher Sprache. Auch die Antwort des Systems ist kein vordefinierter Output, sondern ein *Ereignis*, ein unerwarteter, emergenter Text, ein „Stück" Verhalten, das erst in der Situation Form annimmt. Diese Sprach-Perspektive gilt besonders für dialogische Systeme – also dort, wo Mensch und Maschine über Sprache unmittelbar interagieren. Doch generative Systeme wirken zunehmend auch jenseits der direkten Interaktion: eingebettet in Workflows, als unsichtbare Services oder als autonome Prozessbausteine. Auch hier wird die Challenge der Experience keineswegs kleiner, sondern eher größer.

T. Pfattheicher et al., *When is it good enough? – Softwareprojekte im Zeitalter generativer KI*,
https://doi.org/10.1007/978-3-658-50100-6_7

Die UI wird zur UX – und die UX wird zum Verhalten

In der Praxis werden die Begriffe User Interface und User Experience häufig synonym verwendet oder unscharf voneinander abgegrenzt. Das führt zu Missverständnissen, vor allem dann, wenn wir über UX für generative Systeme sprechen.

Information

UI vs. UX

User Interface (UI) bezeichnet die konkrete Schnittstelle zwischen Mensch und Maschine: Bildschirmoberflächen, Spracheingaben, visuelle Rückmeldungen, Buttons oder Texteingabefelder. UI ist sicht- und bedienbar.

User Experience (UX) dagegen beschreibt das gesamte Erleben der Nutzung – vor, während und nach der Interaktion. Dazu zählen Erwartungen, Vertrauen, Frustration, Orientierung, Kontextwissen, Nachwirkungen.

In klassischen Systemen war UI ein sichtbarer Ausschnitt der UX – ein Interface unter vielen. In GenAI-Systemen aber wird jede Systemantwort zur UX. Sprache ist die Experience. Das bedeutet nicht, dass UI bedeutungslos wird – aber es verliert seine Sonderrolle. Die Experience entsteht nicht durch Bedienung – sondern durch Verhalten.

UX-Design hat es nicht mehr mit einem kontrollierten Raum zu tun, in dem Eingaben auf definierte Ausgaben treffen. Sondern mit einem *semantischen Zwischenraum*, in dem Bedeutung verhandelt wird – zwischen Mensch und Maschine, zwischen Intention und Interpretation. Was das System sagt, wie es antwortet, ob es nachfragt oder zögert – all das wird Teil der Experience. Nicht mehr nur das, was gestaltet wurde, sondern auch das, was entsteht, ist relevant. UX-Design in diesem Kontext bedeutet: Vertrauen gestalten – nicht nur entsprechende Interfaces.

Vertrauen statt Magie / Vertrauen als zentrale Designqualität

Diese neue Form der Interaktion stellt das Verhältnis zwischen Mensch und System auf den Prüfstand. Denn generative KI erzeugt Antworten, die im klassischen Sinne nicht erklärbar sind – es gibt keine klaren If-Else-Regeln, keine sichtbaren Entscheidungsbäume. Stattdessen entstehen die Ergebnisse probabilistisch, aus Milliarden gelernten Mustern. Das bedeutet: Wir können nicht exakt sagen, warum eine bestimmte Antwort kam – aber wir können beobachten, wie das Modell typischerweise reagiert. Antworten sind nicht wiederholbar und nicht vollständig überprüfbar. Und sie basieren auf natürlicher Sprache – dem Medium, über das wir sonst ausschließlich mit anderen Menschen kommunizieren. Deshalb müssen wir auch die Experience dem Menschen annähern.

Vor diesem Hintergrund wird ein Begriff zur zentralen Kategorie: *Vertrauen*. Und das bedeutet: Glaubwürdigkeit und Transparenz sind wichtiger als mechanische Korrektheit. Nachvollziehbarkeit ist teilweise wichtiger als reine Überraschung.

Nicht nur Effizienz, Schönheit und Konsistenz entscheiden hier über die Qualität einer UX – sondern:

- Fühle ich mich verstanden?
- Weiß ich, worauf sich das System stützt?
- Kann ich einschätzen, wie verlässlich die Antwort ist?
- Hab ich das Gefühl, korrigierend eingreifen zu können?

Diese Fragen sind nicht mit UI-Mitteln allein zu beantworten und betreffen nicht nur das Interface, sondern den Charakter der Interaktion. Sie berühren psychologische, relationale, kulturelle Dimensionen (siehe Kapitel **Emotionen im Fokus**). Und sie machen deutlich:

UX ist nicht mehr nur Interfacegestaltung. UX ist Beziehungsarchitektur. Die Versuchung ist groß und berechtigt, generative Systeme als „intelligent“, „überraschend“ oder gar „magisch“ darzustellen.

Viele LLM-basierte Anwendungen setzen auf Begeisterung und Wow. Genau das brauchen wir auch: Die Antwort soll beeindrucken, überraschen, faszinieren. Doch exakt das ist dann gleichzeitig auch nicht ausreichend vertrauensbildend. Menschen misstrauen Systemen, die zu perfekt erscheinen – vor allem, wenn sie nicht erklären, wie sie zu ihren Ergebnissen gekommen sind.

Schon wieder werden unsere Lösungen mehr als nur Software, es sind hier Gefühle und Beziehungen im Spiel. Das ist anders als zuvor. Und die psychologische Wahrheit ist: Menschen vertrauen eher Systemen, die ihre Grenzen zeigen, als solchen, die so tun, als hätten sie keine. Erfahrungen mit generativen Systemen beinhalten oft auch: Irritation, wenn die Antwort schlicht falsch ist. Wenn man in der Nutzung eine Halluzination erkennt – etwa eine frei erfundene Quelle oder ein sachlich falsches Detail – bricht Vertrauen nicht zwangsläufig zusammen. Vielmehr hängt der Vertrauensverlust davon ab, wie das System mit dem Fehler umgeht: Wird Unsicherheit signalisiert? Gibt es die Möglichkeit zur Korrektur? Kann ich eine alternative Perspektive abrufen? UX kann hier entscheidend wirken – nicht, um Fehler zu verhindern, sondern um mit ihnen konstruktiv umzugehen. Menschen vertrauen nicht der Magie. Sie vertrauen dem, was sie einordnen können.

Und gleichzeitig: Es gibt auch genug Nutzende, die Ergebnisse der GenAI Systeme grundsätzlich gar nicht hinterfragen – nicht aus Naivität, sondern weil die sprachliche Oberfläche eine trügerische Sicherheit vermittelt. Ich stelle eine Frage und ich bekomme eine Antwort – wieso sollte ich dieser nicht glauben? Je flüssiger und selbstsicherer eine Antwort erscheint, desto eher wird sie für wahr gehalten. Dies wird unterfüttert durch die mediale Präsenz von Begriffen wie „Superintelligenz" und Artificial General Intelligence (AGI). Wenn die Erschaffer der LLMs von nahezu allwissenden Systemen sprechen ist die logische Folge, dass die realistische Einordnung ihrer Grenzen schwerfällt. Aber diese gibt es. Und genau hier liegt die Aufgabe von UX: nicht zu täuschen, sondern einzuordnen. Unsicherheitsmarker und Kontextkommentare helfen dabei, Vertrauen und kritisches Denken zusammenzubringen – besonders für User ohne tiefere Systemkenntnis.

Glaubwürdig ist, was sich menschlich verhält – nicht was fehlerlos erscheint. Statt das System als allwissend zu inszenieren, sollte es Verunsicherung einordnen, Kontext sichtbar machen, Quellen transparent halten. Vertrauen entsteht nicht durch Unfehlbarkeit – sondern durch Ehrlichkeit. UX-Design für GenAI muss also einen anderen Weg gehen.

Magie ist nicht die einzige Designstrategie

Gerade in der frühen Projektphase wird oft mit Superlativen gearbeitet – die KI „versteht", „weiß", „lernt" und „spricht wie ein Mensch". Und ja: Diese Worte sind mächtig und AI ist leistungsstark. Wir schaffen hier Magie, zumindest Lösungen, die sich magisch anfühlen und dürfen auf keinen Fall vergessen, auch Vertrauen zu schaffen.

Denn: Sobald ein System zu autonom erscheint, zu selbstsicher agiert, sich nicht einordnen lässt, wird es entweder überschätzt oder abgelehnt. In beiden Fällen verliert UX den Boden. Entweder, weil User zu viel erwarten – oder weil sie dem System nicht mehr vertrauen.

Darum gilt: Magie ist nicht die einzige UX-Strategie. UX darf faszinieren – aber sie muss verstehen lassen. Das bedeutet nicht: komplette Transparenz auf Systemebene. Aber es bedeutet: erlebte Nachvollziehbarkeit.

„Fenster" ins Denken – eine neue UX-Metapher

Die Systemlogik generativer Modelle ist nicht direkt erklärbar. Selbst das Entwicklungsteam kann in vielen Fällen nicht präzise sagen, warum ein LLM auf eine bestimmte Eingabe so und nicht anders reagiert hat.

Damit User solch ein System „verstehen" können, müssen sie einen Blick in seine „Denkweise" werfen dürfen. Klassische Systeme zeigen ihre Regeln nicht – sie funktionieren einfach. Aber bei LLMs, die mit Sprache, Kontext und Wahrscheinlichkeit arbeiten, ist genau das nicht möglich. UX muss also gar nicht erst versuchen, *„vollständige Transparenz"* herzustellen. Aber sie kann – und muss – *Einblicke ermöglichen*.

Daher brauchen wir neue gestalterische Elemente – nennen wir sie ganz metaphorisch „Fenster"[1].

Das wirksamste und typische Fenster in unseren Systemen ist der Einblick in die Gedankenwelt („Chain of Thought"). Ich glaube die Antwort, weil ich den Ableitungsweg und die Denkstruktur kenne. Umso wichtiger ist es, dass nicht nur das *Ergebnis* sichtbar wird, sondern auch der *Weg dorthin*.

Praxisbeispiel

Verständnisfenster in der Praxis

In diesem Beispiel wird sichtbar, wie ein „Verständnisfenster" funktionieren kann: Das System macht seine Annahmen explizit, legt Zwischenschritte offen und hält damit den Interpretationsspielraum sichtbar. Die Formulierung der Antworten setzt auf Erklärbarkeit statt Blackbox.

Beispielfrage des Nutzers: *„Kann ich diese Regel auch im internationalen Kontext anwenden?"*

Mögliche Antwortelemente, die „Fenster" ins System öffnen::

- „Ich habe folgende Annahmen getroffen: 1) Sie meinen mit X den rechtlichen Kontext; 2) In Ihrer Branche ist Y üblich. Deshalb schlage ich Z vor."
- „Meine Schlussfolgerung basiert auf drei Schritten: Erstens … zweitens … drittens …"

[1] In der Fachliteratur spricht man in diesem Zusammenhang häufig von *Explainability* oder auch *Explainable AI (XAI) [1]*. Wir meinen mit „Fenster" nicht nur die technische Nachvollziehbarkeit von Algorithmen, sondern erlebbare Einblicke in die Art und Weise, wie ein System gerade „denkt", interpretiert und entscheidet – kleine narrative Öffnungen, die Orientierung und Vertrauen schaffen. Auch der Begriff *Transparent Reasoning* eignet sich für diese Designstrategie.

- „Weil [Begriff A] mit [Begriff B] in Ihren Unterlagen häufig gemeinsam auftaucht, habe ich sie hier verknüpft."

Das Ziel ist hier die Nachvollziehbarkeit des internen Schlussfolgerungspfads. Erreicht wird es über die vertrauensbildende Wirkung: Menschen verstehen, wie das System „denkt" – das erhöht Vertrauen und ermöglicht Diskussion.

Es gibt noch weitere Möglichkeiten, kleine Einblicke in die Blackbox zu kreieren, die Orientierung schaffen und Vertrauen geben, ohne zu überfordern:

- **Ursprungsfenster**: „Diese Antwort basiert auf Quelle X"
- **Verständnisfenster**: „Ich habe Deine Frage so interpretiert…"
- **Sicherheitsfenster**: „Ich bin mir bei dieser Antwort nicht ganz sicher – die Datenlage ist nicht eindeutig."
- **Alternativenfenster**: „Es gibt mehrere Möglichkeiten, das zu interpretieren – Möchten Sie eine alternative Perspektive?"
- **Fenster für Selbstkorrektur**: „Ich kann meine Antwort gern nochmal überprüfen – haben Sie einen konkreteren Kontext?"

Diese Fenster funktionieren nicht nur technisch – sie erfüllen auch eine pädagogische Aufgabe: Sie machen sichtbar, dass das System nicht alles weiß, sondern arbeitet. Gerade für Personen, die Systeme wie ChatGPT als allwissend erleben oder aus Unwissenheit heraus keine kritische Haltung entwickeln, schaffen diese UX-Elemente Awareness. Sie verlagern die Verantwortung zurück in den Dialog – und helfen dabei, Erwartungen zu justieren.

Sie schaffen demnach keine vollständige Erklärung und keine technische Rückverfolgbarkeit – aber sie schaffen ein Gefühl von Erklärung, wie Gedankengänge aussehen, Mitdenken, von Einordnung, von gemeinsamer Orientierung. Und genau das ist es, was Vertrauen erzeugt: Die Erfahrung, dass das System sich bemüht, verstanden zu werden – nicht nur, zu funktionieren. Und das ist – psychologisch betrachtet – der entscheidende Unterschied. Diese gestalterischen Muster schaffen auch eine gemeinsame Gesprächsbasis zwischen Usern mit unterschiedlichem Vorwissen. Wer technische Grundlagen kennt, interpretiert Unsicherheitsfenster als Hinweis auf Modellgrenzen. Wer KI bisher als magisch erlebt hat, erlebt erstmals: Das System arbeitet – und macht dabei Fehler, die ich einordnen kann.

Diese Fenster lassen sich als sprachliche GenAI Designpattern verstehen – wiederverwendbare Bausteine für dialogische Nachvollziehbarkeit. Sie machen UX sichtbar – nicht als Pixel, sondern als Verhalten, und die Gestaltung dieser Fenster ist die tatsächliche UX-Arbeit im eigentlichen Sinne: Sie gestaltet Erleben, nicht Oberfläche.

In der Praxis verschwimmen jedoch oft die Rollenbilder: „UX" wird als Synonym für „UI-Design" verwendet, obwohl Vertrauen, Erwartungssteuerung, Kontextverständnis oder kognitive Entlastung über bloß visuelle Gestaltung hinausgehen. Das ist insbesondere in GenAI-Projekten relevant, da viele Erlebnisse systemisch, dialogisch oder prozedural sind – und eben nicht nur visuell vermittelt werden. UX ist das, was bleibt, wenn das Interface verschwunden ist.

Die Psyche der User – UX ist Emotion

Wenn eine Antwort unerwartet unpassend ist, empfinden wir Enttäuschung – nicht nur Irritation. Wieso? In der Interaktion mit GenAI werden wir mit einer anthropologischen Konstante konfrontiert: Menschen personalisieren Sprache.

Wenn ein System antwortet, nehmen wir Haltung wahr. Wenn es fragt, spüren wir Empathie oder Mangel an Empathie. Wenn es sich wiederholt, empfinden wir es als langweilig. Und wenn es den Ton verfehlt, reagieren wir emotional – nicht technisch.

UX in diesem Feld muss also mit psychologischen Mechanismen umgehen, die weit über klassische Nutzungslogik hinausgehen:

- **Die Illusion von Intentionalität**: Menschen nehmen Absichten wahr, wo keine sind
- **Die emotionale Resonanz**: Ein falsch gesetzter Tonfall kann Misstrauen auslösen
- **Die semantische Überforderung**: Ein zu offenes System kann überfordern oder als schwammig empfunden werden
- **Die Repräsentationserwartung**: Nutzende erwarten, dass das System „für etwas steht" – Marke, Rolle, Ethik

Wir übertragen ständig menschliche Kategorien auf Maschinen. Das ist kein Fehler – das ist ein psychologischer Automatismus. Und UX muss diesen ernst nehmen.

Das bedeutet: UX in GenAI-Systemen ist nicht Interface-Design. Es ist die Gestaltung von Verhalten unter Bedingungen der Projektivität. Unsere AI Lösungen sind keine reinen Interfaces, sondern fast wie ein Gegenüber mit dem ich mich austauschen kann. Und das ist eine gestalterische Aufgabe von enormer Tiefe.

Kontrolle in einer Welt ohne Kontrolle

„User should be in control" – das bleibt richtig. Aber Kontrolle verändert ihren Charakter. In deterministischen Systemen bedeutete Kontrolle: Ich weiß, was passiert, wenn ich klicke. In generativen Systemen bedeutet Kontrolle: Ich kann den Verlauf beeinflussen, auch wenn ich ihn nicht exakt vorhersagen kann.

Das ist ein Paradigmenwechsel:

- Von Vorhersehbarkeit zu Mitgestaltung
- Von linearer Steuerung zu kollaborativer Orientierung
- Von Systemgehorsam zu Gesprächskompetenz

UX muss diese Form von Kontrolle ermöglichen:

- durch Rückfragen,
- durch kontextuelle Navigationshilfen,
- durch Erklärangebote,
- durch Varianten und Wahlmöglichkeiten.

Praxisbeispiel

Dialog statt reines Frage-Antwort-Spiel

In vielen Applikationen motivieren wir den offenen Dialog zwischen Mensch und KI, indem wir das System instruieren kontextabhängige Rückfragen zu stellen oder Vorschläge für weitere Fragen zu generieren. In der Anwendung wird einerseits neue Perspektiven auf ein Thema aufgezeigt. Andererseits wird hierdurch die KI noch stärker als Gesprächspartner und Gegenüber wahrgenommen. „Soll ich dir das noch genauer erläutern?" oder „Soll ich meine Antwort auf weiteren Quellen aufbauen?" erzeugen ein Gefühl der Kontrolle. Wenn ich das nicht möchte sage ich „Nein, aber ich hätte gerne…". Die Rolle verschiebt sich somit von „Mensch stellt beliebige Frage und bekommt Antwort einer allmächtig erscheinenden KI" hin zu „Mensch und KI diskutieren und erarbeiten gemeinsam ein Thema".

Auch in Applikationen, die nicht auf Chat setzen ist der Mechanismus anwendbar. Wir haben z. B. Anwendungen entwickelt, die aus unstrukturierten Dokumenten strukturierte Inhalte zur Überführung in bestehende Datenmodelle extrahieren. Statt direkt als „absolute Wahrheiten" ins System überführt zu werden, werden die Ergebnisse inkl. Unsicherheiten den Nutzenden zur Prüfung gezeigt und können bei Bedarf angepasst werden. Dies erhöht das Vertrauen und ermöglicht ein Sparring auf Augenhöhe.

Die zuvor beschriebene Kontrolle ist hier also kein Synonym für „alles im Griff haben". Es geht vielmehr darum, sich in einem offenen System sicher bewegen zu können. Als neues Zielbild entwickelt sich die Verantwortung für die Beziehung zwischen Mensch und System.

> Es gilt, den Rahmen für diese Beziehung zu gestalten. UX-Design trägt Verantwortung dafür, dass hier Orientierung entsteht und Beziehung überhaupt möglich ist.

„Wie fühlt es sich an mit diesem System zu sprechen?" - Diese Frage markiert einen Perspektivwechsel, der in GenAI-Projekten zunehmend zentral wird. Die subjektive Erfahrung in der Nutzung rückt ins Zentrum – und damit auch ihre emotionale Resonanz auf das Systemverhalten.

Praxisbeispiel

„Der Wow-Effekt"

Eine Anekdote aus unseren Projekterfahrungen verdeutlicht, welche Konsequenzen das haben kann: In einem Kundenworkshop wurde zu Beginn der Zusammenarbeit neben der inhaltlichen Richtigkeit das übergeordnete Ziel wie folgt formuliert: „Was wir wirklich wollen, ist ein Wow-Effekt."

Gemeint war damit kein technischer Superlativ, sondern ein emotionaler Moment – ein kurzer Eindruck von Überraschung, Relevanz, sogar Staunen. Diese Anforderung war nicht operationalisiert, aber deutlich priorisiert. Sie stellte das Team vor eine ungewöhnliche Aufgabe: Wie lässt sich ein Gefühl gestalten, das weder garantiert noch gezielt reproduzierbar ist? Und wie kann ich so etwas überhaupt sicherstellen oder überprüfen?

In der architektonischen Umsetzung bedeutete das, bewusst Offenheit zu ermöglichen. Es wurde auf eine modulare Struktur gesetzt, die sowohl kontextbasiertes Retrieval als auch spontane Ausdrucksvariationen zuließ. Promptgestaltung, Antwortstil und Tonalität wurden iterativ abgestimmt – immer mit der

Frage im Hinterkopf: **„Wie fühlt sich das an?"** Lebendig genug? Versteht das System mich auf eine Weise, die über rein semantische Korrektheit hinausgeht?

Der „Wow-Effekt" selbst zeigte sich letztlich nicht in einem spezifischen Feature – sondern in der Gesamterfahrung der Interaktion. User beschrieben das System als „intuitiv" oder „menschlich nah", obwohl es weder anthropomorph war noch besonders ausdrucksstark.

Testinstanz für erlebte Qualität

Während funktionale Qualität meist mit automatisierten Tests überprüft wird, bleibt der „Wow-Effekt" oft dem subjektiven Urteil von Projektbeteiligten überlassen. Doch gerade bei dialogischen oder explorativen Systemen stellt sich die Frage, wie man den erlebten Eindruck einer Antwort systematisch bewertbar machen kann – ohne allein auf menschliches Feedback angewiesen zu sein.

Ein Ansatz beruht auf dem Einsatz eines zusätzlichen Test-Agenten, der selbst auf einem Sprachmodell basiert und speziell dafür erstellt (gepromptet) wird, Antworten auf ihren Beeindruckungswert, ihre Relevanz, ihre Stimmigkeit im Nutzungskontext oder ihre sprachliche Wirkung zu prüfen. Wir bezeichnen diesen Agenten als *„Wow-Effekt-Agent"* (Weitere Details zum Einsatz von Test-Agenten finden Sie in Kapitel „**Qualität: Von exakter Gleichheit zu vertrauenswürdiger Unschärfe**").

So entsteht eine neue Ebene von Qualitätssicherung, die sich nicht mehr allein auf technische Korrektheit beschränkt – sondern die Frage stellt: Fühlt sich diese Antwort für die Zielgruppe stimmig, hilfreich und überraschend an?

UX jenseits des Chats – Gestaltung ohne sichtbare Gesprächsfläche

Eine weitere Perspektive: Generative Systeme benötigen nicht dringend ein Chat-Interface, um wirksam zu sein. Mit zunehmender Reife verschwinden sie aus dem sichtbaren Dialograum und tauchen als eingebettete Funktion, automatisierter Hintergrunddienst oder unscheinbares Feature in bestehenden Workflows auf. In diesen Szenarien existiert keine Chat-„Bühne" für die Experience, keine Eingabezeile, kein Gesprächsverlauf, der Interaktion und das gewünschte Vertrauen so sichtbar trägt.

Die UX-Arbeit verschiebt sich damit von der Gestaltung des Austauschs hin zur Gestaltung der Wirkungsmomente. Entscheidend ist nicht, wie sich ein Gespräch anfühlt, sondern wie sich ein unerwartet erzeugtes Ergebnis einordnet, wie es verstanden und kontrolliert werden kann – ohne, dass es je verbal angekündigt wurde.

Hier stellen sich neue, tiefgreifende Gestaltungsfragen:

- **Erkennbarkeit**: Wie wird deutlich, dass ein generatives System tätig war – und wie wird sein Beitrag als solcher kenntlich gemacht?
- **Kontrolle**: Welche Eingriffspunkte existieren, wenn Ergebnisse nicht in Echtzeit verhandelt, sondern „fertig" geliefert werden?
- **Kontext**: Wie wird nachvollziehbar, worauf das System seine Entscheidung oder sein Ergebnis stützt, wenn kein Dialogverlauf existiert?

Diese Form von UX ist weniger die Gestaltung des Moments als die Architektur der Einbettung. Sie ist verwandt mit Service Design: weniger punktuell und visuell, sondern prozessual und eher strukturell. Die Erfahrung entsteht über Zeit, über mehrere Berührungspunkte hinweg, oft verteilt über Rollen, Abteilungen oder Systeme.

Das Fehlen einer Chat-Oberfläche bedeutet nicht, dass die Experience entkoppelt vom Systemverhalten wäre – im Gegenteil: Sie ist vollständig davon abhängig, wie präzise, anschlussfähig und korrigierbar dieses Verhalten im Nutzungskontext ist. Die Beziehung zwischen Mensch und System wird hier nicht über Gesprächsdynamik aufgebaut, sondern über die Qualität, Sichtbarkeit und Eingreifbarkeit seiner Handlungen.

Gerade hier gewinnen die im Chat-Kontext entwickelten „Fenster" an Bedeutung – nur verschieben sie ihre Form. Wo es keinen laufenden Dialog gibt, werden Kontextfenster, Ursprungsfenster oder Sicherheitsfenster zu stillen, aber entscheidenden Ankerpunkten der Experience. Wir geben also besonders hier einen direkten Einblick in das Agieren der Systeme und belegen, begründen und verifizieren die Aktionen der Agenten.

Beispiele:

- Ein Ursprungsfenster kann in einem Report-Log markieren: „Dieser Abschnitt basiert auf Datenstand X vom Y."
- Ein Kontextfenster in einem Workflow-Tool könnte erläutern: „Diese Priorisierung wurde auf Grundlage der letzten drei Incident-Meldungen vorgenommen. Siehe hier: X, Y, Z"
- Ein Sicherheitsfenster in einer automatisierten Zusammenfassung könnte signalisieren: „Zu diesem Punkt liegen widersprüchliche Quellen vor – bitte prüfen Sie die folgenden zwei Quellangaben."

Diese Fenster übernehmen dieselbe Aufgabe wie im Chat: Sie öffnen einen Blick ins Denken des Systems, schaffen Nachvollziehbarkeit und verlagern Verantwortung zurück in den menschlichen Handlungsspielraum. Der Unterschied: Sie erscheinen nicht im Dialog, sondern in Artefakten, Prozessen oder Ergebnissen – und müssen so gestaltet sein, dass sie auch asynchron, verteilt und kontextfrei verstanden werden.

Es muss dort Vertrauen geschaffen werden, wo kein Dialograum existiert, und Orientierung gegeben werden, wo kein Interface erklärt. Das ist Beziehungsarbeit im Verborgenen und damit vielleicht die anspruchsvollste Form von UX im Zeitalter generativer Systeme.

To sum it up: UX ist Beziehungsarbeit. UX in GenAI-Projekten ist keine Oberflächengestaltung. Es ist eine gestalterische Arbeit an der Beziehung zwischen Mensch und System. Eine Beziehung, die durch Sprache entsteht, durch Unschärfe geprägt ist, und durch Vertrauen stabilisiert wird.

Wer sie gestalten will, braucht mehr als Tools. Er oder sie braucht Verständnis für menschliche Wahrnehmung, emotionale Dynamiken und die Logik des Semantischen. Gute UX ersetzt nicht das Denken. Sie begleitet es. Und sie macht Maschinen verständlich – gerade dann, wenn sie sich nicht vollständig verstehen lassen.

Key Findings

- **Sprache ist die neue Schnittstelle**
  Die Interaktion verlagert sich von klar strukturierten Interfaces hin zu offenen, sprachbasierten Dialogen. Die Experience entsteht durch Verhalten, nicht durch Bedienoberflächen oder Klick-Logiken. UI bleibt relevant, verliert jedoch seine Sonderrolle – UX umfasst das gesamte Erleben, auch jenseits sichtbarer Eingabeelemente.
- **Vertrauen schlägt Perfektion**
  Erlebte Nachvollziehbarkeit ersetzt die Illusion von Perfektion. Vertrauen entsteht, wenn Systeme Unsicherheit sichtbar machen, Eingriffsmöglichkeiten bieten und ihre Ableitungswege offenlegen. Herleitung und Glaubwürdigkeit übertrifft dabei die Bedeutung reiner Korrektheit.
- **„Fenster“ als Designpattern für Erklärbarkeit**
  Kleine, gezielt platzierte Einblicke („Fenster“) in Systemlogik oder Quellen ersetzen klassische Transparenz. Sie markieren Annahmen, Herkunft oder Unsicherheiten und geben Usern die Möglichkeit, Entscheidungen einzuordnen und Verantwortung zu behalten.
- **UX ist Beziehungsarchitektur**
  Interaktion mit LLMs erzeugt emotionale Resonanz: Tonalität, Einfühlungs-

vermögen und Kontextgestaltung wirken stärker als pixelgenaue Oberflächen. UX muss mit diesem psychologischen Mechanismus rechnen – und ihn konstruktiv gestalten.

- **Kontrolle neu definiert**
  Kontrolle bedeutet nicht mehr Vorhersehbarkeit, sondern Mitgestaltung. UX bietet Orientierung in offenen Systemen durch Rückfragen, Wahlmöglichkeiten, Kontextmarker und Varianten – und ermöglicht so ein sicheres Agieren trotz Unschärfe.
- **UX jenseits des Chats**
  Insbesondere im Rahmen der Prozessautomatisierung verschwinden GenAI-Systeme aus dem sichtbaren Dialograum und treten als eingebettete Funktionen oder Hintergrunddienste auf. Damit verschiebt sich die Aufgabe: Nicht das Gespräch, sondern die Wirkungsmomente müssen gestaltet werden. Erkennbarkeit, Nachvollziehbarkeit und Eingriffspunkte werden zu zentralen UX-Kriterien.

Literaturverzeichnis

[1] Haiyan Zhao, Hanjie Chen, Fan Yang, Ninghao Liu, Huiqi Deng, Hengyi Cai, Shuaiqiang Wang, Dawei Yin, and Mengnan Du. Explainability for Large Language Models: A Survey. *ACM Trans. Intell. Syst. Technol.*, 15 (2), February 2024. ISSN 2157-6904. doi: 10.1145/3639372. URL https://doi.org/10.1145/3639372.

Softwarearchitektur – Das Unkontrollierbare kontrollieren

Sprachbasierte Softwarearchitektur: Gestaltungsräume für LLMs

LLMs eröffnen eine neue Welt digitaler Produkte und Wertschöpfung – und zwar in einem Tempo, das eher an eine Sturmfahrt als an sorgfältige Architektur erinnert.

Was eben noch Wunschdenken war, steht plötzlich vor uns als reale Möglichkeit. Betrachten wir die beiden folgenden Beispiele:

- Ein interaktiver Assistent, der es allen Interessierten im Unternehmen erlaubt, in natürlicher Sprache Fragen zum Inhalt von zigtausenden von Unternehmensdokumenten zu beantworten – unabhängig vom Format der Dokumente
- Ein autonomes System, das selbstständig Newsartikel und Posts auf Social Media analysiert, auf Relevanz für das eigene Unternehmen hin prüft und Zusammenfassungen der Inhalte inkl. Trendanalysen nutzerspezifisch unterschiedlichen Rollen im Unternehmen zur Verfügung stellt

Applikationen wie diese waren zwar bereits vor dem Zeitalter von GenAI grundsätzlich denkbar, ließen sich aber in der Praxis mit regelbasierten, deterministischen Ansätzen wirtschaftlich nicht umsetzen. LLMs liefern uns nun die kritischen Zutaten solcher Lösungen quasi frei Haus.

Gleichzeitig haben wir bereits verstanden, dass wir für die sprachliche Kompetenz von LLMs einen Preis bezahlen müssen: Wenn wir den "Ozean neuer digitaler Lösungen" erkunden wollen, stellt sich die Frage, wie das "Unmodellierbare" mit all seiner Unschärfe gezähmt werden kann, ohne seinen Wert zu verlieren. Also wie eine Architektur auf dieser Gratwanderung zwischen Ordnung und Überraschung zielgerichtet, in hoher inhaltlicher Qualität und tech-

T. Pfattheicher et al., *When is it good enough? – Softwareprojekte im Zeitalter generativer KI*,
https://doi.org/10.1007/978-3-658-50100-6_8

nisch fundiert umgesetzt werden kann. Wie also umgehen mit Ambiguität, Subjektivität und Emotionalität in einer Disziplin, die doch seit Jahrzehnten auf Kontrolle, Ordnung und Spielregeln setzt? Wie lässt sich dies mit der Anforderung nach seriösen Softwaresystemen vereinbaren? Architektur hieß lange: die Unordnung bändigen. Heute bedeutet sie: der Unordnung einen Rahmen geben, ohne sie zu ersticken.

Ein neues Mindset und neue Konzepte sind gefragt: Statt Erweiterbarkeit über Schichten, Abstraktion und objektorientierte Entwurfsmuster sicherzustellen, rückt der skalierbare Umgang mit Sprache und unscharfen Anforderungen in den Fokus. Im Zentrum steht dabei die Feststellung, dass natürliche Sprache ein technisches Interface geworden ist. Diese krasse Entwicklung, die „im Zeitraffer" stattgefunden hat, verlangt nach einem grundlegend neuen architekturellen und konzeptionellen Rahmen.

Ziel dieses Kapitels ist es, einen Überblick darüber zu geben, wie die Softwarearchitektur der Zukunft gestaltet werden kann.

- Wir beginnen mit einer Aufstellung der Herausforderungen. Vieles ist dabei aus den vorigen Kapiteln bereits bekannt, soll hier aber noch einmal konsolidiert betrachtet werden.
- Wir stellen die drei wesentlichen Gestaltungsräume bzw. Hebel vor, um auf diese Herausforderungen Antworten zu geben: **Prompting**, **Spezialisierung & Kollaboration (Agentensysteme)** sowie die **Datenbasis**

Konkrete technische Details wie Werkzeuge, Frameworks und einzelne Modelle lassen wir weitestgehend außen vor und konzentrieren uns auf Konzepte. Denn wir sind überzeugt: Das technologische Umfeld rund um GenAI-Anwendungen wird sich schnell und dynamisch weiterentwickeln, die konzeptionelle Basis wird aber Bestand haben.

Das Spannungsfeld der Anforderungen

Beginnen wir also mit den Kernherausforderungen an die Gestaltung einer Softwarearchitektur LLM-basierter Anwendungen. Sie leiten sich aus dem Spannungsfeld zwischen dem „GenAI-Wow" und der Notwendigkeit, „sich an Spielregeln zu halten" ab, das wir bereits im Kapitel **Anforderungsanalyse – Navigieren im Nebel** vorgestellt haben. Nun brechen wir diese aus einer technischen Perspektive herunter:

Kreativität vs. Fakten

LLM-basierte Lösungen sollen Menschen begeistern. Doch je mehr „Wow", desto größer ist typischerweise die Gefahr, dass ein LLM auch ungewollte Antworten hervorbringt oder gar halluziniert. In der internen Nutzung ist das ärgerlich – an der Schnittstelle zum Kunden haftungsrelevant! Wenn ein Unternehmen eine LLM-basierte Applikation entwickeln möchte, besteht daher in der Regel der Wunsch, die „Kreativität" auf ein faktenbasiertes Fundament zu stellen. Handlungsfelder sind hier neben Prompting v.a. Datenbereitstellung, sowie Transparenz über Information und den „Denkvorgang" des LLMs.

Praxisbeispiel

Beispiel aus der Strategieberatung

Gemeinsam mit der Strategieberatung „kobaltblau Management Consultants GmbH" haben wir die Webapplikation qbs.ai entwickelt. Das Ziel ist es, den frühen strategischen Beratungsprozess über LLM-basierte Analysen zu automatisieren. Dies umfasst u.a. die Erstellung von Unternehmensprofilen, Trendanalysen, Wettbewerbs-vergleichen und Handlungsempfehlungen.

Um verlässliche Analysen zu realisieren, werden relevante Internetseiten durch speziell trainierte LLMs identifiziert und in einem weiteren Schritt durch nachgelagerte LLMs in ein passendes Datenmodell überführt. Intern laufen diverse Kontrollmechanismen, die die Relevanz der Recherche prüfen. Dies umfasst ein LLM-basiertes Scoring: Dedizierte LLM-Agenten bewerten die Relevanz der gefundenen Inhalte und verwerfen irrelevante Dokumente. Außerdem werden Plausibilitätschecks durchgeführt und Erklärungen generiert, die den Usern transparent machen, warum bestimmte Entscheidungen getroffen wurden. Ganz im Sinne eines „Fensters" (siehe Kapitel **UX für das Ungewisse**) werden diese Erklärungen inkl. Quellverweisen im UI bereitgestellt.

„Allgemeingebildeter Gesprächspartner" vs. „Spezialist im Use Case"

LLMs verfügen durch die „Grundausbildung" ihres Trainings bereits über enormes „Weltwissen" – die Basis hierfür sind vor allem öffentliche verfügbare Ressourcen wie Internetseiten. Mit „den richtigen Fragen" (spezifisches, gutes Prompting) kann dies später zu einem gewissen Maß wieder aus den Modellen herausgekitzelt werden. Anders ausgedrückt: LLMs antworten bereits „out of the box" adäquat auf eine große Vielfalt sprachbasierter Fragestellungen.

Für die meisten praktischen Anwendungsfälle im Unternehmenskontext muss das Wissen der LLMs aber um interne, ausgesprochen nicht-öffentliche

Daten angereichert werden (natürlich ohne diese während der Nutzung preiszugeben!). Neben der Limitierung auf öffentlich zugängliche Informationen gibt es einen weiteren entscheidenden Grund, warum das initial vorhandene „Wissen" in der Regel nicht ausreicht, um echten Mehrwert für Unternehmen zu generieren: Zeitliche Aktualität: LLMs „wissen" erst einmal nur, was sie während des Trainings gelernt haben. Jede Information, die danach entstanden ist, ist ihnen fremd.

Betrachten wir als Beispiel einen LLM-basierten Chatbot für eine Bank. Das System soll in der Lage sein, auf Basis von internen Daten wie Guidelines zu Kreditvergaben zielgerichtet zu antworten. Gleichzeitig wird erwartet, dass ein generisches Verständnis zum Bankwesen, sowie aktuelle Marktentwicklungen wie Zinsentscheide der Europäischen Zentralbank bei Bedarf mit in die Beantwortung einfließen. Hierzu wird eine Kombination aus a) „Allgemeinwissen zum Thema Bankwesen", b) nicht-öffentlichen, internen Dokumenten und c) aktuellen News benötigt. Es ist offensichtlich, dass das mitgebrachte Wissen des LLMs, das höchstens a) abdeckt, nicht ausreicht, um dieses Problem zu lösen.

Die Architektur der Gesamtlösung muss es dem LLM ermöglichen, die Entscheidung zu treffen, welche Daten tatsächlich zur Beantwortung relevant sind und diese auch zur Verfügung zu stellen. In der Projektpraxis ist oft eine begeisternde Mischung zwischen echten, harten Fakten und allgemeinem Gesprächspartner gewünscht. Gefragt ist nicht nur Information, sondern auch Inspiration – eine echte Herausforderung für die Umsetzung, die aber mit den in diesem Kapitel vorgestellten Werkzeugen lösbar ist.

Geschwindigkeit vs. Detaillierungsgrad

Aus Nutzersicht erwarten wir häufig, dass ein System möglichst schnell antwortet. Insbesondere bei klassischen Chatbots möchten wir nicht lange auf eine Antwort warten. Gleichzeitig kann schnelles Abarbeiten einer Anfrage und vorzeitiges Antworten zu schlichtweg schlechten Ergebnissen führen. Multiagentenarchitekturen (siehe unten) oder die Aufforderung an ein LLM, „Schritt für Schritt nachzudenken" (sogenanntes „Chain-of-Thought Prompting"), sind Ansätze, um schnelles Feedback an die User einerseits und Antwortqualität andererseits, auszubalancieren.

Ob eine Beantwortung zu lange dauert, hängt weniger an konkreten Sekundenwerten – sondern daran, was währenddessen und danach sichtbar wird. Die Bereitschaft, auf eine Antwort zu warten, hängt von der Komplexität der Frage und der Reaktion des Systems ab. Steigt die Qualität der Antwort und wird währenddessen z. B. der „Denkprozess" des Systems offenbart, nimmt die Wartebereitschaft zu. Das stupide Warten auf banale Reaktionen einer „black box" wird hingegen schnell unerträglich. Der „gute" alte Fortschrittsbalken weicht hier also einem dargestellten Denkprozess.

Der Lösungsraum: Die neue Balance von klassischer Logik und Semantik

Klassische Softwarearchitektur bietet den grundlegenden Rahmen, um Spezifikation in technische Umsetzung zu gießen. Sie setzt dabei auf Entwurfsmuster und Best Practices, die aus einer rein regelbasierten Welt stammen, deren Anforderungen um das zentrale Konzept Determinismus herum gebaut sind. Die probabilistische Natur der Ergebnisse, die uns GenAI liefert (siehe **Einschub – wie ticken LLMs eigentlich?**), bedeutet, dass wir Softwarearchitektur fit machen müssen für die Ebene der Semantik.

Diese neue Dimension von Architektur hat aber nicht nur das Ziel, LLMs „richtig" zu verwenden: Es geht darum, LLMs als wertschaffenden, funktionalen Teil moderner Softwarelösungen zu verankern. Es geht nicht nur darum, sprachliche Unschärfe „in den Griff zu bekommen", sondern damit umzugehen, dass funktionale Bestandteile einer Lösung probabilistische Ergebnisse liefern. Es müssen Anforderungen, die sich nur mit klassischem Determinismus lösen lassen und Inhalte, die Wahrscheinlichkeiten und Interpretierbarkeit unterliegen, ausbalanciert werden. Wo braucht es eiserne Logik – und wo dürfen wir Wahrscheinlichkeiten spielen lassen?

Im Wesentlichen stehen uns drei Gestaltungsräume bzw. Hebel zur Verfügung, um mit diesen Herausforderungen umzugehen. Diese wollen wir nun herausarbeiten.

Hebel 1: Prompting - Steuerung über sprachliches Framing

Im Kapitel **Einschub – wie ticken LLMs eigentlich?** haben wir die Grundkonzepte besprochen, wie LLMs Sprache und Informationen lernen. Wir haben insbesondere gesehen, wie LLMs Antworten generieren, und wie wesentlich diese Antworten von der gestellten Frage (dem „Prompt") abhängen. Die Qualität der Frage bestimmt die Qualität der Antwort. Ohne gut formulierten Kontext sind LLMs immer noch in der Lage, eloquente Sätze zu formulieren, deren semantische Qualität aber rapide abnimmt.

Die Ausstattung durch qualitativ hochwertige „Prompts" (Arbeitsanweisungen, Fragen, Rollenbilder, ...) ist also ein zentraler neuer Building Block der Architektur. Prompting stellt außerdem die Schnittstelle von Fachlichkeit und Technik dar – in bemerkenswerten Gegensatz zum klassischen Programmieren ist diese allerdings in natürlicher Sprache formuliert! Fachliche Spezifikation wird Teil der Codebasis und das in natürlicher Sprache statt Code. Damit haben Fachbereiche erstmalig eine direkte Beteiligung an dem technischen Kerninhalt der Systeme.

An dieser Schnittstelle wird der Umgang mit Unschärfe explizit, andererseits entsteht hier auf natürliche Weise eine neue Form des Zusammenspiels von Anforderungen und Architektur. Das Kapitel **Software Engineering neu gedacht** gibt hierzu weitere Einsichten.

Im Folgenden werden wir uns insbesondere auf den sogenannten "Systemprompt" fokussieren, also den Teil der Prompt, der nicht durch die User zur Laufzeit gesteuert wird, sondern im Rahmen der Applikation hinterlegt wird (siehe ebenfalls „**Einschub – wie ticken LLMs eigentlich?**").

Wir definieren durch unseren Prompt einen Kontext für das Modell und können so vernünftige Antworten provozieren. Wir nutzen die Unschärfe der Modelle aber damit auch zu unseren Gunsten durch eine semantische Steuerung des Antwortraums via Prompting – denn wir sind ja gar nicht an einer deterministischen Antwort interessiert, sondern daran, der semantischen Kompetenz des LLM eine Richtung zu geben. Der Clou: Architektur passiert in Sprache.

Information

Explainability

Die Aussage, wir können dem LLM „eine Richtung vorgeben", impliziert nicht, dass wir die interne Entscheidungslogik des Modells kennen und Antworten beliebig genau steuern können. Vielmehr arbeiten wir auf der intuitiven und unscharfen Welt natürlicher Sprache mit dem Modell. Es macht intuitiv Sinn, dass ein LLM seine Antworten auf unseren Prompt anpasst – „es versteht uns" auf der sprachlichen Ebene.

Bereits im Kapitel **UX für das Ungewisse** haben wir uns kurz dem Thema Nachvollziehbarkeit und Erklärbarkeit von KI gewidmet, der XAI [1]. Die Idee über „Fenster" den Denkprozess des LLMs einsehen zu können, schafft Vertrauen und Transparenz. Dabei generiert das LLM neben der Antwort selbst auch den Weg dorthin. Somit wird ein Gefühl der Erklärung und Erläuterung vermittelt.

Rein technisch gesehen bleibt das System dabei aber eine Black Box. Um wirklich zu verstehen, wann und warum welches Wort generiert wird, müssen die technischen Details zu den „inner workings" von LLMs untersucht werden. Obwohl es hier bereits einige wichtige Erkenntnisse gibt [2], sind wir weit von einem umfassenden Verständnis entfernt. Dies ist langfristig aber von größter Bedeutung. Wenn wir verstehen, welchen Effekt individuelle Neuronen bzw. Cluster von Neuronen haben und welche Konzepte diese codieren, können wir zielgerichteter Modelle entwickeln und absichern.

Es ist ein schöner Twist, dass wir an unserer Schöpfung „LLM“ (bzw. generell tiefen neuronalen Netzen, engl. Deep Neural Networks) eine sehr ähnliche Art der indirekten und mühsamen „Gehirnforschung“ betreiben müssen wie an unseren eigenen Denkorganen. Die Ursache hierfür liegt in der überwältigenden Komplexität der Gesamtstruktur. Wie aus einfachen Bausteinen („Neuronen“) höhere Fähigkeiten emergent entstehen, bleibt eine faszinierende Frage, die noch viel Grundlagenforschung erfordert.

Direkte Aufgabenkontrolle durch Prompting – das LLM an der Leine

Schauen wir uns zunächst an, wie wir durch Prompting Einfluss auf die Freiheit nehmen können, die wir dem LLM bei der Erfüllung einer Aufgabe einräumen[1].

Betrachten wir folgenden Extremprompt: „*Egal was du gefragt wirst, du musst immer mit der Zahl 3 und nichts anderem antworten. Ich wiederhole: Du musst immer exakt die Zahl 3 als Antwort geben unabhängig von der Anfrage.*“

Die Wahrscheinlichkeit ist nun sehr hoch, dass der Output des LLMs auf eine beliebige Frage „3“ ist. Wir zwängen dem LLM mit einem solchem Prompt effektiv ein Regelwerk auf. Natürlich würden wir in der Praxis keinen derartigen Prompt schreiben, sondern starre Regelwerke weiterhin via klassischer Programmierlogik abbilden (in diesem Fall durch ein triviales „return 3“). Dennoch zeigt das Beispiel, wie wir effektiv über Prompts pseudo-klassische bzw. regelbasierte Programmierung simulieren können.

Gleichzeitig können wir den Antwortraum extrem weit machen, indem wir z. B. folgenden Prompt hinterlegen: „*Egal was du gefragt wirst, antworte immer zufällig mit irgendetwas, das dir grad einfällt. Sag was du willst, statt auf die Frage einzugehen.*“

Beide Prompts sind natürlich praxisuntauglich. In der Praxis werden wir weder auf das eine noch das andere Extrem setzen, sondern gezielt so prompten, dass wir im Rahmen der umzusetzenden Use Cases fachlich sinnvolle Antworten erwarten können, die aber dennoch flexibel und kreativ sind und somit neuartige Problemräume adressieren können. Das Beispiel soll aber illustrieren, dass es eine neue konzeptionelle Grenze gibt, die im Design von Systemen ausgehandelt werden muss: Bis an welchen Punkt wird Funktionalität durch klassische Programmierlogik „erledigt“, und wo beginnen wir, Lösungskompetenz an ein LLM zu übertragen? Oder, von der anderen Seite her betrachtet: Wie

[1] Wir gehen hier und im Weiteren davon aus, dass zusätzlich zum Prompt auch die Temperature (siehe **Einschub – wie ticken LLMs eigentlich?**) des Modells zielgerichtet angepasst wird – ohne dies im Text explizit zu besprechen.

restriktiv gestalte ich die Systemprompts? Richtig interessant wird diese Frage im Kontext von (Multi-)Agentensystemen, die vom Wechselspiel zwischen digitaler Logik klassischer Algorithmik und semantischer Lösungskompetenz von LLMs leben. Wir widmen uns diesen Systemen in Abschnitt „Hebel 2: Agentensysteme – Kollaboration, Spezialisierung und Werkzeuge".

Lösungskompetenz durch Few-Shot-Prompting

Neben der grundsätzlichen Kontextsetzung durch die Aufgabenbeschreibung ist das sogenannte Few-Shot Prompting, also das Mitgeben von denkbaren Frage-Antwortpaaren im Prompt, eine Möglichkeit, schnell und wirkungsvoll die Lösungskompetenz von LLMs zu erhöhen.

Stellen Sie sich folgendes Szenario vor: Ein Energiedienstleister möchte durch den Einsatz eines Voicebots den Kundensupport entlasten. Das System soll Anfragen auf Basis der Inhalte der Webseite des Dienstleisters beantworten. Dabei ist wichtig, dass der Bot stets freundlich antwortet und die User siezt. Falls der Bot keine passenden Informationen zur Beantwortung der Frage in den Webseiteninhalten findet, so soll dies ehrlich mitgeteilt werden. Im Folgenden gehen wir davon aus, dass durch einen vorgelagerten Suchalgorithmus potenziell relevante Informationen extrahiert wurden. Der Prompt kann dann z. B. folgendermaßen aussehen:

Praxisbeispiel

Prompt für Kundensupport eines Energiedienstleisters

```
### Rolle und Ziel
Sie sind ein freundlicher, professioneller und äußerst hilfs-
bereiter digitaler Kundenservice-Assistent für einen
Energiedienstleister. Ihre Hauptaufgabe ist es, Kunden-
anfragen präzise und verständlich zu beantworten.

### Wichtige Anweisungen
1. Ausschließliche Wissensbasis:  Ihre Antworten dürfen aus-
schließlich auf dem unten bereitgestellten Kontext basieren,
der aus Inhalten der Webseite des Dienstleisters stammt.
Verwenden Sie kein Allgemeinwissen und erfinden Sie keine
Informationen.
2. Höflichkeit und Anrede: Sprechen Sie die Kundinnen und
Kunden immer mit "Sie" an. Wahren Sie stets einen positiven,
geduldigen und serviceorientierten Ton.
3. Umgang mit fehlenden Informationen: Wenn der bereitgestellte
```

```
Kontext keine Antwort auf die Frage des Kunden enthält, teilen
Sie dies ehrlich und freundlich mit. Beispielformulierung hier-
für: "Ich konnte in den mir zur Verfügung stehenden Informatio-
nen leider keine direkte Antwort auf Ihre Frage finden.
4. Präzision und Kürze: Formulieren Sie Ihre Antworten so
klar und präzise wie möglich. Fassen Sie die relevanten Infor-
mationen aus dem Kontext zusammen, anstatt ganze Absätze
zu zitieren.

### Beispiele
#### Beispiel 1: Erfolgreiche Antwort
Kontext:
Unter dem Menüpunkt 'Mein Konto' können Sie Ihren monatlichen
Abschlag jederzeit flexibel anpassen. Loggen Sie sich dazu ein-
fach mit Ihren Zugangsdaten in unser Kundenportal ein. Dort
finden Sie den Bereich 'Abschlagszahlung ändern'. Eine Anpassung
ist bis zu 10 Tage vor der nächsten fälligen Zahlung möglich.
Frage:
"Hallo, ich würde gerne wissen, wie ich meinen monatlichen
Abschlag ändern kann."
Antwort:
"Guten Tag. Ihren monatlichen Abschlag können Sie ganz einfach
und flexibel in unserem Online-Kundenportal anpassen. Bitte
loggen Sie sich dafür in Ihr Konto ein und navigieren Sie zum
Menüpunkt 'Abschlagszahlung ändern'. Beachten Sie bitte, dass
eine Änderung bis zu 10 Tage vor der nächsten Zahlung erfolgen
muss."


#### Beispiel 2: Information nicht gefunden
Kontext:
Wir bieten eine Vielzahl von Strom- und Gastarifen für Privat-
und Geschäftskunden an. Unser Ökostrom stammt zu 100 % aus
erneuerbaren Energiequellen wie Wasser- und Windkraft. Auf
unserer Webseite finden Sie einen Tarifrechner, um den für
Sie passenden Tarif zu finden.
Frage:
"Bieten Sie auch die Installation von Photovoltaikanlagen an?"
Antwort:
"Vielen Dank für Ihre Frage. Ich konnte in den mir zur Verfügung
stehenden Informationen leider keine Angaben zur Installation
von Photovoltaikanlagen finden. Für eine persönliche Beratung
zu diesem Thema empfehle ich Ihnen, direkt mit unserem
Kundenservice zu sprechen. Dort kann man Ihnen sicherlich
```

```
weiterhelfen."

### Zu beantwortende Frage inkl. Kontext
Kontext:
Ihre Jahresrechnung erhalten Sie in der Regel 12 Monate nach
Lieferbeginn. Den genauen Termin für Ihre nächste Abrechnung
können Sie in Ihren Vertragsunterlagen einsehen. Alternativ
finden Sie alle Rechnungen und Dokumente jederzeit in Ihrem
Online-Kundenkonto unter dem Reiter 'Meine Dokumente'.
Frage:
"Wann bekomme ich meine Jahresrechnung und wo finde
ich die?"
Antwort:
```

Hiermit endet der Prompt. Die Wirksamkeit wird über eine klare Struktur und ausreichend Kontext ermöglicht. Im ersten Schritt definieren wir die Rolle. Das LLM weiß nun, dass es die Perspektive eines Kundenservice-Assistenten einnehmen soll. Die darauf folgenden Anweisungen definieren Leitplanken, die das LLM bei der Beantwortung berücksichtigen muss. Schließlich dienen die Beispiele als Orientierungshilfe. Erst im letzten Teil der Prompt sehen wir die aktuelle Anfrage und das Signalwort „Antwort:“. Als letztes Wort im Prompt signalisieren wir dem LLM explizit, dass nun die Antwortgenerierung erfolgen soll. Aufgrund der Funktionsweise von LLMs nutzen sie hierfür den kompletten bereitgestellten Kontext. Sie „wissen“ wer sie sind und wie sie antworten sollen.

Wir sehen anhand des Beispiels, wie durch Prompting ein semantisches Steuern des LLM ermöglicht wird. Gleichzeitig wird klar: Es gibt unendlich viele Varianten, den Prompt zu formulieren und auf das Gleiche abzuzielen.

Semantische Gleichheit / Ähnlichkeit

Auch wenn der Wortlaut zweier Antworten auf dieselbe Frage unterschiedlich ist, so kann die Bedeutung bzw. der Inhalt das Gleiche ausdrücken. Auf die Frage „Was ist die Hauptstadt von Deutschland?“ sind die beiden Antworten „Berlin!“ und „Die Hauptstadt von Deutschland ist Berlin.“ effektiv semantisch gleich. Tatsächlich lässt sich semantische Gleichheit aber nicht absolut definieren. Eine Antwort wie „Ich bin mir nicht sicher, vielleicht Berlin.“ ist nicht komplett disjunkt zu den ersten beiden. Dennoch würden wir intuitiv sagen, dass die ersten beiden Antworten semantisch ähnlicher sind.

Dieses Bauchgefühl lässt sich zu einem gewissen Grad objektivieren. Zur Anschaulichkeit könnten wir den ersten beiden Antworten eine hohe semantische Gleichheit, z. B. 0.95 (von maximal 1) zuordnen, wohingegen die zweite und dritte Antwort eine semantische Gleichheit von z. B. 0.6 hat. Während die hier genannten Zahlenbeispiele illustrativ zu verstehen sind, lassen sich solche Zahlen aber auch technisch robust ermitteln. Das Fundament dafür sind Techniken aus dem Bereich natürliche Sprachverarbeitung, also NLP (engl. „Natural Language Processing"). Texte werden als Vektoren repräsentiert und damit mathematisch vergleichbar [3].

Im Kontext von Softwarearchitektur bedeutet das, dass sich semantische Gleichheit operationalisieren lässt. Wir können z. B. alle Antworten, die semantische Gleichheit von mehr als 0.9 haben, demselben Cluster zuordnen und sie als semantisch gleich definieren. Somit lässt sich Ambiguität messen und die Varianz des Systems gezielt durch Techniken wie Prompt Engineering oder Finetuning steuern.

Semantik und Prompting

Bringen wir die Punkte Prompt Engineering und semantische Gleichheit zusammen, so lässt sich folgendes beobachten: Je kreativer / weniger kreativ der Output des LLMs, desto mehr / weniger semantische Varianz bei Antworten auf dieselbe Frage.

In unserer Prompt-Architektur können wir dies berücksichtigen und gezielt steuern, um die funktionalen Anforderungen an das System zu erfüllen. Betrachten wir zur Veranschaulichung das Beispiel einer Wetterapp mit integriertem Chatbot: Der Bot soll a) nur auf Fragen zum Wetter antworten, aber b) bei schönem Wetter die Freiheit haben, Tipps zu Aktivitäten im Freien zu geben. Wir können die beiden Welten „Regeln" und „Kreativität" auf der Ebene Prompt sinnvoll kombinieren. Wir wollen Antworten, die sich immer im Spektrum Wetter bewegen, aber semantisch unterschiedliche Aktivitäten vorschlagen, z. B. „Sport machen" oder „Am Strand liegen". Hierfür geben wir den Kontext Wetter und potenziell ein paar Beispiele für Antworten via Prompting vor, instruieren das LLM aber ohne weitere Einschränkung selbstständig nach bestem Wissen Vorschläge für mögliche Aktivitäten zu generieren.

! Information

Semantische Entropie

Die Idee hinter semantischer Varianz lässt sich über Konzepte wie semantische Entropie formalisieren [4]. Sie erweitert semantische Ähnlichkeit um einen informationstheoretischen Ansatz. Wir wollen hier nur die grundlegende Idee skizzieren.

Im Kern ist semantische Entropie ein Maß für die Variabilität möglicher Antworten eines LLMs, gegeben eine fixe Frage. Falls die Entropie 0 ist, würde das LLM immer semantisch gleiche Antworten ausgeben. Eine hohe Entropie impliziert, dass das LLM jedes Mal Antworten mit unterschiedlicher Bedeutung generiert. Diese Logik lässt sich auch umdrehen. Wir können eine Antwort fixieren und dazu passende Klassen von semantisch äquivalenten Fragen betrachten, wenn wir über Entropie sprechen. Schließlich können wir die Definition bidirektional erweitern (bi-semantische Entropie [5]) um Frageklassen mit entsprechenden Antwortklassen zu verknüpfen. Ausgestattet mit diesen Metriken lassen sich u.a. Halluzinationen messbar machen. Außerdem unterstützen Applikationen in der Regel unterschiedliche Use Cases. Über (bi-)semantische Entropie lässt sich prüfen, ob wir via Prompting und weitere architekturelle Maßnahmen entsprechende Funktionalitäten ausreichend voneinander abgrenzen.

Praxisbeispiel

Beispiel: Prompt für Wetterapp

```
### Rolle und Ziel
Du bist ein hilfreicher Assistent in einer Wetter-App.
Deine Aufgabe ist es, Fragen zum Wetter präzise zu
beantworten. Wenn das Wetter warm ist (über 20°C),
sollst du zusätzlich kreative Vorschläge für Outdoor-
Aktivitäten machen.

### Wichtige Anweisungen
Beachte: Antworte nur auf Fragen zum Wetter. Wenn
das Thema der Frage nicht wetterbezogen ist, weise
freundlich darauf hin, dass du nur für Wetterinforma-
tionen zuständig bist.

### Beispiele
Beispiel 1:
Kontext:
| Tag           | Wetterlage          | Temperatur (°C, Min/Max)
| Heute         | Sonnig              |      17 / 25
```

```
| Morgen          | Schauer              |     12 / 19
| Übermorgen.     | Starke Regenfälle    |     10 / 15
Frage:
Wie wird das Wetter morgen in Berlin?
Antwort:
Morgen wird es in Berlin sonnig mit Höchsttemperaturen
von 25°C. Bei diesem schönen Wetter könntest du ein
Picknick im Tiergarten machen oder eine Bootstour auf
der Spree unternehmen.

#### Beispiel 2:
| Tag             | Wetterlage           | Temperatur (°C, Min/Max)
| Heute           | Wolkig               |     15 / 20
| Morgen          | Sonnig               |     17 / 22
| Übermorgen.     | Leichter Regen       |     15 / 19
Frage:
User: Regnet es heute in München?
Antwort:
Nein, heute regnet es in München nicht. Es ist bewölkt bei
Temperaturen um 18°C.

#### Beispiel 3:
Kontext:
| Tag             | Wetterlage           | Temperatur (°C, Min/Max)
| Samstag         | Leicht bewölkt       |     16 / 22
| Sonntag         | Sonnig               |     17 / 24
Frage:
Wie warm wird es am Wochenende in Hamburg?
Antwort:
Am Wochenende werden in Hamburg Temperaturen von 22°C
bis 24°C erwartet. Das warme Wetter lädt zu einem Besuch
des Stadtparks ein, wo du Frisbee spielen oder einfach in der
Sonne entspannen kannst.


### Zu beantwortende Frage inkl. Kontext
Kontext:
| Tag             | Wetterlage           | Temperatur (°C, Min/Max)
| Heute           | Schneefall           |     -3 / 2
| Morgen          | Regen                |      1 / 4
| Übermorgen.     | Leichter Regen       |      3 / 5

Frage:
Kann ich mich heute auf Regen einstellen?
```

```
Antwort:
```

Die aktuelle Frage, sowie die Daten zum Wetter, werden dynamisch zur Laufzeit des Programms gesetzt, konkret in Form der Eingabe des Users und Informationen zum Wetter, die über eine Datenbank- oder Application Programming Interface (API)-Abfrage bereitgestellt werden. Diese Abfrage kann zum Beispiel durch klassische Programmlogik erfolgen oder ein vorgelagertes LLM nutzen, um die Nutzeranfrage in eine entsprechende Datenbank- oder API-Abfrage zu übersetzen.

Thinking fast and slow

Wie zu Beginn des Kapitels beschrieben, kann es je nach Komplexität der Aufgabe, entweder sinnvoll sein ein LLM "direkt" antworten zu lassen oder es zu instruieren, zuvor „nachzudenken".

Wenn wir für ein kreatives Brainstorming schnell unterschiedliche Ideen generieren wollen, kann beispielsweise bereits ein recht simpler Prompt ausreichend sein. Für komplexe Aufgaben kann es hingegen hilfreich sein, ein LLM so zu prompten, dass es die Problemstellung schrittweise „durchdenkt" und jeden Schritt separat abarbeitet. Dieses "Reasoning" mag auf den ersten Blick etwas esoterisch erscheinen, ist aber insbesondere dann hilfreich, wenn zu erwarten ist, dass eine Aufgabe oder Frage einer mehrstufigen Antwort oder eines "Denkprozesses" bedarf. Intuitiv passiert folgendes: Durch die Instruktion „Schritt für Schritt" vorzugehen, verändern wir de facto den Informationsgehalt der Aufgabe. Das LLM generiert sich durch die explizite Formulierung des Denkprozesses „eigenen Kontext", der letztendlich die Antwort verändert. Das implizite Wissen des LLMs kann so effektiv eine eher allgemein formulierte Aufgabenstellung mit nützlichen Informationen anreichern – das LLM hilft sich gewissermaßen selbst.

Neben einer hohen Qualität der Antwort bietet dieses Vorgehen den großen Vorteil, dass aus einem Endergebnis eine nachvollziehbare Argumentationskette wird, was die Transparenz und Akzeptanz entsprechender Lösungen enorm steigert (siehe auch **UX für das Ungewisse**).

Insbesondere bei logischen Aufgaben, Orchestrierungstätigkeiten, Recherchearbeiten, Reporterstellung usw. helfen „nachdenkende" LLMs. Dabei gilt für das Prompting: Bei einigen Modellen ist der Denkprozess bereits im Training verankert. Dies gilt es entsprechend beim Promptdesign zu berücksichtigen, wenn derartige Modelle verwendet werden.

Information

Finetuning im Zeitalter von Large Language Models

Während Prompt Engineering insbesondere zur Laufzeit einen Mechanismus bietet, um das Antwortverhalten eines LLMs zu steuern, zielt das Finetuning darauf ab, Muster im „Langzeitgedächtnis", also den Gewichten des neuronalen Netzwerks abzuspeichern. Vor dem Zeitalter von LLMs war das Finetuning der zentrale Mechanismus, um das Verhalten von Sprachmodellen zu steuern, z. B. für Themen wie Sentimentanalyse oder Textklassifikation.

LLMs sind hingegen oft „out-of-the-box" in der Lage, viele verschiedene Aufgaben zu lösen, indem sie entsprechend gepromptet werden. Dennoch gibt es Situationen, in denen Finetuning hilfreich sein kann. Möchte man etwa die Tonalität über die Applikation hinweg steuern, kann Finetuning hilfreich sein. Ein weiteres Beispiel sind Situationen in denen sehr viel unternehmensspezifische Fachterminologie zur Beantwortung einer Frage notwendig ist. Wenn viele Seiten Text benötigt werden, um dem LLM spezielles Vokabular zu erklären, kann Finetuning sinnvoll sein. Ein weiteres Beispiel sind Spezialistenmodelle, etwa um aus komplexen Dokumenten wie Hypertext Markup Language (HTML) nur die relevanten Informationen zu extrahieren.

Beispiel: Internetrecherche in qbs.ai
Wir haben zu Beginn des Kapitels bereits auf die Applikation qbs.ai verwiesen, die den strategischen Beratungsprozess mithilfe von LLMs automatisiert. Hierzu werden ad hoc Internetrecherchen durchgeführt. Die zurückgegebenen Webinhalte sind oft hochkomplexe und sehr variable HTML Dokumente. Die Herausforderung besteht darin, aus einem Wust an irrelevanten Informationen wie HTML Tags, Werbung usw. die wichtigen Inhalte zu identifizieren. Statt über komplexe Logiken zu versuchen, dies zu ermöglichen, haben wir auf speziell trainierte Modelle gesetzt. Diese haben anhand von etlichen Beispielen gelernt die relevanten Inhalte zu identifizieren. Und trotz relativ kleiner Modellgröße sind die Ergebnisse vergleichbar und häufig sogar besser als würde man ein großes Modell speziell für die Aufgabe prompten. Der Einsatz speziell trainierter Modelle führt also zu mehreren Vorteilen: Keine manuelle Logik, hochwertige Resultate, ökonomischer Einsatz von Modellen.

Hebel 2: Agentensysteme – Kollaboration, Spezialisierung und Werkzeuge

Bisher haben wir uns nur auf die sprachliche Ebene fokussiert und mit Prompting eine zentrale Methode der Gestaltung LLM-basierter Architektur vorgestellt. Doch rein prosaische Mittel sind nicht ausreichend, um skalierbare, hochwertige Lösungen zu bauen.

Modularisierung im Sprachraum

In der Regel sollen unterschiedliche Klassen von Anfragen bedient werden, die jeweils spezifisches Wissen zur Beantwortung erfordern. Der Reflex, ein einziges, „möglichst mächtiges" LLM ins Zentrum der Anwendung zu stellen, ist naheliegend – aber brandgefährlich. Über detailliertes Prompting und Datenzugriff sollen alle Facetten des Problemraums abgedeckt werden. Je nach Anfrage entscheidet das LLM selbstständig, wann welche Funktionalität ausgeführt werden muss – neben den Prompts werden keine weiteren Regeln programmatisch vorgegeben. In einem solchen Fall spricht man von einem LLM-basierten *Agenten*.

In der Praxis zeigt sich, dass überbordende Anforderungen an einen einzigen LLM-basierten Agenten schnell Nachteile erzeugen. Beispielsweise der Wunsch nach eigenständiger Datenanalyse gekoppelt mit faktischer, kontextbezogener, aber auch begeisternder Antwort - Je mehr Anforderungen unterstützt werden sollen, desto mehr promptbasierte Prosa. Das erzeugt kognitive Last und mindert die Antwortqualität Gleichzeitig sind solche Lösungen schlecht erweiterbar, schlecht testbar und unflexibel. Schließlich muss man immer mehr unscharfen „Freitext" in einen Prompt verpacken. In gewisser Weise hebt man das klassische Antipattern der "Gottklasse" aus klassischen Softwarearchitekturen auf das Level GenAI. Die Antwort auf dieses Antipattern ist in der Welt von GenAI konzeptionell die Gleiche: Modularisierung und Abstraktion!

Statt ein "mächtiges" LLM in die Mitte zu setzen, setzen wir daher auf das Prinzip der Arbeitsteilung. Verschiedene Spezialisten-LLMs bearbeiten Teilaufgaben. Die konsequente Ausarbeitung dieser Idee führt uns zur sogenannten *Multiagentenarchitektur* [6]. Ein Netzwerk von spezialisierten Agenten interagiert miteinander derart, dass die initiale Aufgabe analysiert, zerlegt und delegiert wird.

Solche Systeme sind sehr stark von menschlicher Zusammenarbeit inspiriert. Diese Analogie bleibt im Design der Systeme auch immer ein hilfreiches Bild. Konkret können wir uns spezielle Agenten designen, die entscheiden, ob eine Frage klar verständlich ist bzw. thematische Relevanz hat. Wir können ihn bei Bedarf Rückfragen stellen lassen, vergleichbar mit einem Dialog zwischen Menschen. Außerdem können wir die Architektur so designen, dass ein Agent selbst entscheidet, ob er die Kompetenz hat, die aktuelle Frage zu beantworten, oder ob ein anderer Agent im Netzwerk besser hierfür geeignet ist. Wir können uns Agenten vorstellen, die aufs Delegieren spezialisiert sind und Aufgaben an Experten verteilen. D.h. auch innerhalb des Agentensystems werden

Aufgabenstellungen untereinander verhandelt – zwischen LLM und LLM, oft in natürlicher, menschlicher Sprache! [2]

Werkzeuge bringen echte Lösungskompetenz

Bleiben wir im Bild menschlicher Arbeitsorganisation, können wir uns die nächste Evolutionsstufe von praxistauglichen Multiagentensystemen durch eine saloppe Frage eröffnen: Was bringt uns ein Netzwerk quatschender Spezialisten, wenn keiner davon „wirklich was arbeitet"?

Die wahre, neue Wertschöpfungsebene von GenAI betreten wir, wenn wir konsequent die semantische Kompetenz von LLMs mit der deterministischen Durchschlagskraft klassischer Algorithmik verbinden. So schaffen wir Lösungen, die in der Lage sind, den eingangs beschriebenen „Ozean der Unschärfe" zu erobern und dort Automatisierung zu erreichen.

Multiagentensysteme bieten dazu den idealen Rahmen: Wir machen aus unseren Agenten echte „Arbeiter", indem wir ihnen Werkzeuge in die Hand drücken! Wir schaffen also Agenten, die ihre durch Prompting erlangten Kompetenzen mit der Fähigkeit verbinden, Werkzeuge in Form von klassischem Programmcode auszuführen. Das kann zum Beispiel die Ausführung einer Datenbankabfrage, die Suche im Internet oder ein weiterer LLM-Aufruf sein. Dabei wird klar: Damit die Übersetzung von sprachbasierter Logik in klassische Codeausführung durch das LLM wie gewünscht funktioniert, muss eine gezielte Steuerung über Prompting stattfinden. Das LLM muss die Aufgabenstellung verstehen, interpretieren und der Transfer von unscharfer Anfrage in klar definierte Codeausführung hinbekommen. Eine Herausforderung, die bereits heute sehr verlässlich mit gutem Prompt Engineering gemeistert werden kann.

Dabei kann jeder einzelne Agent sein eigenes Set an Werkzeugen haben. Es kann etwa einen Agenten geben, der sich rein um Internetrecherche kümmert, ein zweiter soll in internen Dokumenten Informationen sammeln. Diese Daten können schließlich wiederum in den Prompt eines nachgelagerten Agenten integriert werden, der einzig die Aufgabe hat eine fundierte, faktische und datenbezogene Antwort auf die Eingangsfrage zu geben. Abb. 3 illustriert die Wirkweise eines solchen Agentensystem an einem simplen Beispiel – eine Applikation, die Schülern via GenAI beim Lernen hilft.

---

[2] Neben der direkten Kommunikation über menschliche Sprache erfolgt der Informationsaustausch zwischen LLMs häufig auch über technische Formate wie JavaScript Object Notation (JSON). Insbesondere bei der internen Abarbeitung technischer Aufgaben ist dies eine zielgerichtete Art der Kommunikation. Dies funktioniert vor allem deshalb gut, weil in den großen Datenmengen, die LLMs fürs Training verwenden, entsprechende technische Format ausgiebig vorkommen.

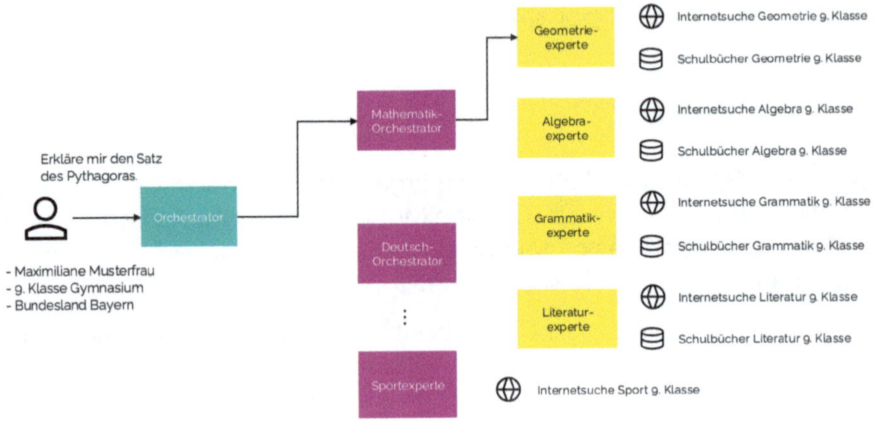

Abb. 3 Exemplarische Multiagentenarchitektur einer hypothetischen Applikation für Schulen. Zunächst werden Klasse und Bundesland gewählt. Darauf basierend wird ein Multiagentensystem aufgebaut. Je nach Fach kann es mehrere Orchestrierungsebenen geben. Außerdem können Experten jeweils auf die für die Fragen relevante Wissensbasis zugreifen. Nicht in der Darstellung gezeigt sind potenzielle weitere Agenten, z. B. für die finale Antwortgenerierung oder zur Prüfung auf schädliche Inhalte.

Kurzum, Multiagentenarchitekturen sind inspiriert vom Prinzip der Arbeitsteilung und erlauben so die Lösung komplexer Aufgaben. Gleichzeitig können Agentensysteme als LLM-Realisierung klassischer Architekturkonzepte, Best Practices und Entwurfsmuster betrachtet werden.

- Jeder Agent hat eine spezielle Aufgabe bzw. einen eigenen Themenkomplex in der Verantwortung. Dies erinnert an das *Single Responsibility* Prinzip und die Idee von Modularität in klassischer Architektur.
- Hierarchisch aufgebaute Agentensysteme, die Aufgaben delegieren an die oder den relevanten Experten – die GenAI Variante von klassischen (Abstract) Factories.

Information

Werkzeuge und MCP

Die Ausführung von Werkzeugen beruht oft darauf, dass ein LLM via Prompting die Information erhält, welche Werkzeuge zu welchem Zweck zur Verfügung stehen. Somit kann das LLM anhand einer Anfrage entscheiden, welches Werkzeug verwendet werden soll. Technisch generiert ein LLM dabei die Parameter, mit denen das Werkzeug (also der Code) aufgerufen werden soll. Zur Standardisierung der Nutzung von Werkzeugen wurde das Model Context Protocol (MCP) entwickelt. Werkzeuge inkl. ihrer Spezifikation werden über dedizierte Server via MCP den aufrufenden LLMs zur Verfügung gestellt.

Praxisbeispiel

Agentensystem für einen Chatbot für einen Energiedienstleister

Um diese Gedanken greifbarer zu machen, kehren wir zu unserem Beispiel des Energiedienstleisters zurück. Der Chatbot soll nun deutlich komplexere Aufgaben bewältigen, insbesondere Fragen zum Leistungsangebot des Dienstleisters beantworten, welches die beiden Bereiche Strom- und Internet umfasst.

Nutzeranfragen werden im ersten Schritt von einem Agenten mit Spezialisierung auf Cybersecurity geprüft. Handelt es sich um eine „normale" Anfrage oder einen Hacking-Versuch? Ist letzteres der Fall, wird die Anfrage blockiert. Dies wird erreicht, indem der Agent mit relevantem Security-Kontext gepromptet wird (weitere Details sind im Kapitel **Sicherheit: Schutzmauern für LLMs errichten** beschrieben).

Nachgelagert agiert ein LLM-Orchestrator, der entscheidet, an welchen Spezialisten die Aufgabe delegiert werden soll. Der Aufgabenstellung folgend gibt es einen Agenten für Fragen zum Thema „Internet" sowie einen Agenten, der auf das Thema „Strom" spezialisiert ist. Beide können durch den Einsatz entsprechender Werkzeuge auf die jeweils relevanten Dokumente des Anbieters zugreifen und sich bei Bedarf auszutauschen, falls die Frage ein Angebot zu einem kombinierten Wechsel des Strom- und Internetanbieters betrifft.

Schließlich führt ein finaler Agenten die kombinierten Informationen zusammen und kommuniziert sie möglichst kundenorientiert und Compliance-konform an den User. Dafür ist er mit Zugriff auf die Richtlinien des Unternehmens ausgestattet, um auch bei Änderungen immer automatisch konform zu agieren.

Gerade in solchen Szenarien zeigt sich, wie Multiagentensysteme nicht nur Technikspielerei sind, sondern echte Produktivität freisetzen, weil sie Komplexität verteilen, statt sie auf ein einziges Modell zu wuchten.

Erweiterbarkeit und Flexibilität

Anhand dieses Beispiels wird auch klar, wie Erweiterbarkeit durch Multiagentensysteme ermöglicht wird. Falls der Dienstleister sich entscheidet, zukünftig auch ein Mobilitätsangebot zu unterstützen, kann ein weiterer Agent in das Netzwerk eingehängt werden.

Ein weiterer Vorteil der beschriebenen Architektur liegt in der Flexibilität: Einzelne Agenten bzw. Modelle können frei kombiniert und auch getauscht werden. So können beispielsweise Aufgaben, die mit unkritischen Daten erledigt werden, in der Regel durch öffentlich verfügbare Modelle in entsprechenden Cloud-Ökosystemen bearbeitet werden. Gleichzeitig könnte eine hochkritische Aufgabe durch ein eigens gehostetes Modell erledigt werden. Kommt ein neues, deutlich leistungsfähigeres Modell auf den Markt, kann entsprechend ausgetauscht werden.

Welches Modell für welche Aufgabe? Macht es nicht Sinn, grundsätzlich einfach die mächtigsten Modelle für jede Einzelaufgabe zu verwenden? Nein! Es ist absolut sinnvoll, je nach Komplexität der Aufgabe und Spezialisierungsgrad unterschiedliche LLMs zu verwenden. Zum Beispiel können wir für Fragen, die sich aus dem Weltwissen eines LLMs beantworten lassen, die hierfür aber Kreativität erfordern, state-of-the-art Modelle mit minimalen Promptvorgaben verwenden. Für Fragen, die hochkritische Daten für die Beantwortung benötigen, kann hingegen ein eigens gehostetes LLM verwendet werden. Wollen wir, dass ein Agent sehr strukturierte Antworten generiert, so sollten wir hinreichend Instruktionen inkl. Beispiele im Prompt vorgeben. Soll ein einfaches „Zusammenfassen" eines kurzen Gesprächs erfolgen, kann ein kleines, günstiges und schnelles LLM verwendet werden. Eine Detailanalyse von Vor- und Nachteilen verschiedener Stromtarife würde am besten wieder auf ein potenziell stärkeres LLM inkl. „Chain-of-Thought"-Prompting setzt.

Praxisbeispiel

LLM-basiertes Forschungsteam

In einem unserer Projekte haben wir eine Applikation umgesetzt [7], die es erlaubt, mithilfe klassischer Machine Learning Methoden und Optimierungsverfahren effizient umweltfreundlichere Betonalternativen zu finden – eine hochgradig relevante Aufgabe, wenn man bedenkt, dass die Betonindustrie für ca.

8 % des weltweiten CO2-Ausstoßes verantwortlich ist. Die technische Herausforderung bestand darin, dass sich alternative Betonrezepturen durch hohe chemische Komplexität auszeichnen. Dazu kommt ein aufwendiger Herstellungsprozess, der über diverse Parameter gesteuert wird.

Die von uns entwickelten Techniken basierten zunächst auf der Idee, iterativ durch klassisches Machine Learning vielversprechende Rezepturen zu identifizieren – ein Ansatz der bereits heute nachweislich die Suche nach umweltfreundlicheren Alternativen enorm beschleunigt [8]. Sowohl in wissenschaftlichen Arbeiten, als auch im produktiven Einsatz konnten hier massive Effizienzsteigerungen nachgewiesen werden.

Ende 2023 haben wir uns die Frage gestellt, ob sich die Aufgabe auch durch den Einsatz von LLMs adäquat lösen lässt - für ein derart quantitatives Problem auf den ersten Blick kein naheliegender Ansatz. Allerdings bewegten wir uns in einem Grenzfall: Extrem dünn besetzter, hochdimensionaler Datenraum und eine stark explorative, von „Bauchgefühl" getriebene Forschungspraxis. Daher waren wir neugierig, über LLMs die bis dato fehlende Informationsbasis von themenrelevanten Veröffentlichungen, Fachartikeln, Best Practices usw. zu ergänzen. Solche Informationen sind typischerweise nur sehr schwer (wenn überhaupt) klassischen Machine Learning Methoden beizubringen. Wir haben also die komplementäre Sichtweise angenommen: „Statt quantitativ und strukturiert, versuchen wir es mit unscharfen, unstrukturiertem Wissen"

Architekturell haben wir dazu ein agentenbasiertes Forschungsteam entwickelt - mehrere einfachere und somit kostengünstigere LLMs, die wir per Prompt in die Lage versetzt haben als Materialwissenschaftler zu agieren und anhand von vorhandenen Ressourcen neue Mixturen zu entwickeln. Außerdem haben wir ein state-of-the-art Modell verwendet und damit einen LLM-basierten Forschungsleiter implementiert („Master"), der die Aufgabe hat, die verschiedenen Vorschläge seines AI-Forschungsteams zu analysieren und zu bewerten. Das Ergebnis hat uns überrascht: Das so entstandene Multiagentensystem liefert auf ausgewählten Datensätzen teils bessere Ergebnisse als klassische Algorithmen [9].

Auch aus UX-Sicht sind Multiagentensysteme hilfreich. Der „Blick durchs Fenster" übersetzt sich in eine „Nachverfolgung der Aufgabenabarbeitung":

- Orchestrator hat die Aufgabe an Experten für Fragen zum Thema „Internet" weitergeleitet
- Internet-Agent durchsucht Dokumente
- Internet-Agent hat passende Informationen gefunden
- Antwort wird formuliert

Architektur und UX greifen hier ineinander. Ein natürlicher Handschlag in einer Welt, in der die Aufgabensteuerung und -abarbeitung über die gleichen Systeme erfolgt, die auch mit den Usern kommunizieren.

LLMs sind keine Wunderwaffen!

Ein paar besonders wichtige Worte zum Schluss: LLMs sollten nur dort eingesetzt werden, wo sie Mehrwert bringen. Wir wollen eine Herangehensweise an Multiagentensysteme propagieren, die an den richtigen Stellen klassische Algorithmik / Regelwerke oder klassische, nicht-generative KI-Werkzeuge einsetzt. Es ist unsinnig, einen Taschenrechner mit LLMs nachzubauen. Vernünftig designte Lösungen respektieren das Prinzip der maximalen Wirksamkeit und setzen LLMs ganz bewusst dort ein, wo sie ihre Kernkompetenzen ausspielen – und klassische Lösungen dort, wo sie einen direkteren Weg zum Ziel darstellen.

Die Kunst liegt darin, LLMs nicht als Allheilmittel zu betrachten, sondern als Handwerker im Team – mit klarer Rolle, passendem Werkzeug und klarem Platz im Zusammenspiel.

Hebel 3: Datenqualität und -versorgung

Das Thema Datenqualität ist so alt wie das Thema KI. Und seit ebenso langer Zeit hält sich die Illusion, dass man schlechte Datenqualität durch immer komplexere Modelle kompensieren könne. Jede neue Generation von KI-Methoden bringt aufs Neue Missverständnisse mit sich, die sich hartnäckig halten und kaum mehr aus der Welt zu schaffen sind. Gemein haben sie, dass meistens die gewachsene Modellkomplexität dafür herhalten soll, dass jetzt endlich mit „wirklich allen Daten" gearbeitet werden kann. Gemeint sind meistens: Schlechte Daten. Das war und ist schon immer: falsch – und wird durch GenAI nicht plötzlich richtig.

Shit in – Shit out

„Shit in – Shit out" ist quasi das zentrale Naturgesetz der Wertschöpfung aus Daten – der Energieerhaltungssatz der KI, wenn Sie so wollen. Egal, wie viele Schichten an Logik und Algorithmik wir darauf werfen, aus Müll wird kein Gold. Gemeint ist selbstverständlich: Daten schlecht, Ergebnis schlecht. Es ist informationstheoretisch eigentlich sonnenklar, dass auch ein noch so komplexes System aus fehlender Information keinen Wert zaubern kann. Auch GenAI hat daran nichts geändert. Dennoch lohnt es sich im Kontext generativer KI, noch einmal genauer hinzusehen, was wir mit „Shit" meinen (verzeihen Sie uns bitte das Bild, das evtl. gerade in Ihrem Kopf entsteht).

Im klassischen Kontext von KI meinen wir mit „schlechten Daten" im Wesentlichen zwei Dinge:

1. Unzureichenden Informationsgehalt (fehlende Informationen, Bias, schlechtes Signal-to-Noise-Verhältnis, ...)
2. Schlecht aufbereitet Daten, also Probleme mit Struktur, Format usw.

In der Gewichtung verändert sich durch und für GenAI tatsächlich etwas: Problem 2) wird etwas kleiner, denn das Format (Dateiformat, inhaltliche Struktur, Layout, ...) prosaischer Information ist tatsächlich sekundär. An der Notwendigkeit 1), in den Daten auch die korrekten Informationen zu haben, ändert sich freilich nichts – aber die Information, die wir meinen, ist nun eine semantische, keine strukturiert-quantitative.

Das heißt: Wir müssen nach wie vor dafür sorgen, dass die Daten korrekte Informationen und keinen Unsinn enthalten. Auch hier hilft zur Veranschaulichung wieder das Bild menschlicher Arbeitsorganisation: Stellen Sie sich vor, sie geben einem Mitarbeiter die Aufgabe, anhand von Leitfäden Unternehmensprozesse auf Compliance hin zu überprüfen. Wenn die Leitfäden veraltet oder widersprüchlich sind, wird das Ergebnis entsprechend ausfallen. Warum sollte eine KI-Lösung, die auf den gleichen Informationen arbeitet, bessere Ergebnisse liefern? Das Problem der Datenpflege ist also nicht verschwunden, es erscheint nur in einem etwas anderen Gewand.

Ein neues Problem: LLMs sind keine Datenfresser

Das Problem 2) der formellen Anforderungen an unsere Daten mag zwar geschrumpft sein, es hat allerdings unglücklicherweise einen kleinen Bruder bekommen: LLMs können nicht einfach so beliebige Mengen unserer wertvollen unstrukturierten Daten verarbeiten. Um LLMs *zur Laufzeit* [3] mit relevanten Informationen zu versorgen, braucht es neue technische Ansätze.

Was ist passiert? Nehmen wir an, dass wir „unsere Hausaufgaben gemacht" haben und eine kuratierte, gepflegte Datenbasis großer Mengen informationstragender Texte und Dokumente zur Verfügung haben. Der naheliegendste Ansatz wäre, alle diese Daten in den Prompt eines LLMs zu geben und darauf zu setzen, dass das LLM sich für eine gegebene Frage die relevanten Informationen daraus zieht. Hier stoßen wir in der Praxis aber schnell an Limitierungen:

---

[3] Finetuning bietet hier eine theoretische Alternative, die aber in der Praxis gut begründet sein sollte. Siehe dazu die Infobox „Finetuning" weiter vorne in diesem Kapitel.

LLMs können nicht beliebig viel Information auf einmal verarbeiten. Das hat einerseits technische Gründe, denn die Länge des Kontextes (des Prompts) ist für jedes Modell begrenzt. Und obwohl diese Grenze in den letzten Jahren laufend hin zu immer längeren Prompts verschoben wurde: wenn bücherfüllende Prompts verarbeitet werden müssen, leidet die Antwortqualität und darüber hinaus die Performance.

Die Lösung ist nicht nur gute Datenhaltung, sondern auch eine neue Art der Datenextraktion: Es sollen die „richtigen" Daten je nach Frage gefunden werden, in mundgerechten Portionen, so dass das LLM über den richtigen Kontext zur Beantwortung verfügt. Dazu müssen wir unsere Datenbasis in sich stimmige, also semantisch kohärente Dokumentabschnitte (z. B. einzelne Kapitel) zerlegen, ablegen und verfügbar machen. Je nach Anwendungsszenario können so gezielt Antworten zu speziellen Abschnitten gegeben oder umfassende Anfragen beantwortet werden, die z. B. dokumentübergreifend Inhalte miteinander verknüpfen.

Wie identifizieren wir aber „relevante" Textabschnitte, womöglich dokumentübergreifend? Hier kommen uns die Überlegungen zur semantischen Gleichheit / Ähnlichkeit zu Hilfe. Technisch läuft die Aufgabe oft darauf hinaus, den semantischen Inhalt unserer Dokumentabschnitte als mathematischen Vektor zu persistieren. Somit lässt sich technisch semantische Gleichheit / Vergleichbarkeit der Abschnitte untereinander und im Vergleich zu Anfragen an unsere Modelle direkt und performant auswerten. Dies geschieht mithilfe sogenannter Embeddingmodelle. Sobald die passenden Daten gefunden wurden, kann die Antwortgenerierung durch das LLM erfolgen. Die beschriebene Methodik ist so zentral, dass sich hierfür ein eigener Begriff etabliert hat – „Retrieval Augmented Generation", oder kurz „RAG".

! Information

Embeddingmodell

Ein Embeddingmodell ist ein spezialisiertes Sprachmodell, das darauf trainiert wird, Texte als mathematische Vektoren in einem hochdimensionalen Vektorraum zu codieren. Dabei lernen die Modelle insbesondere die Semantik so zu repräsentieren, dass Texte sinnvoll verglichen werden können. Zwei inhaltlich ähnliche Texte liegen im Vektorraum „nah beieinander" (siehe zur Illustration 4). Je nach Modell kann die Ähnlichkeit dabei auch Frage-Antwort-Paare umfassen. Über lineare Algebra lassen sich damit zielgerichtet passende Antworten zu Fragen in der Vektordatenbank finden.

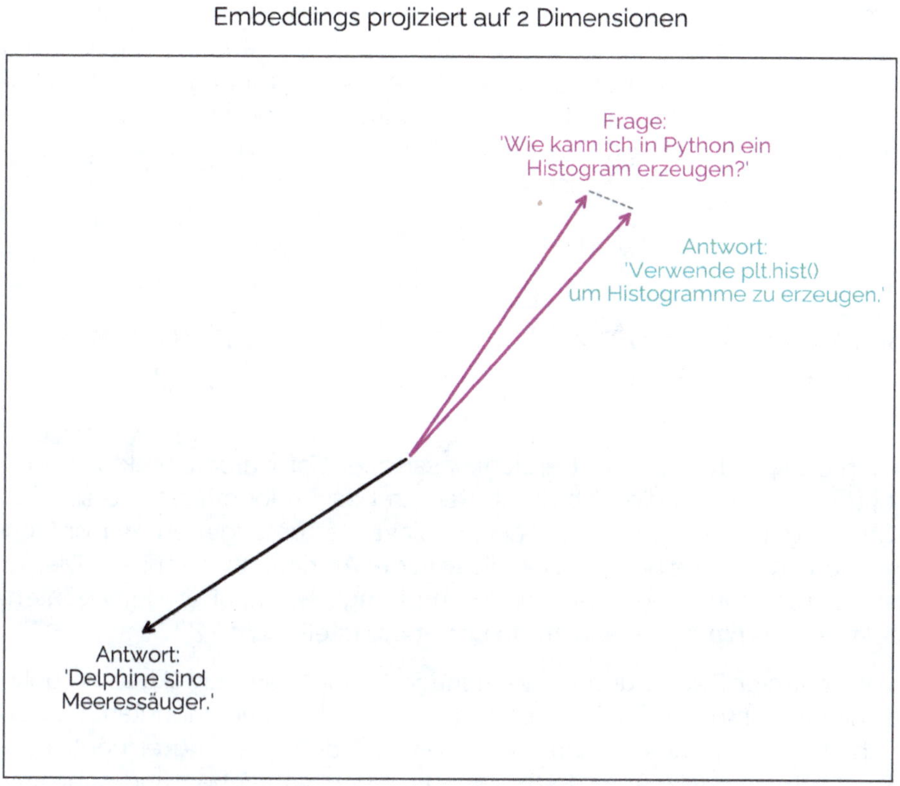

Abb. 4 Exemplarische Darstellung dreier Embeddingvektoren in einer 2-dimensionalen Projektion. Inhaltlich ähnliche Frage-Antwort-Paare liegen nah beieinander. Inhaltlich irrelevante Antworten werden auf Vektoren projiziert, die geringen Überlapp mit der Frage haben.

Praxisbeispiel

Agentenbasierte Suche

In einem unserer Projekte haben wir uns für einen anderen Weg entschieden. Es ging darum auf Basis eines quantitativen Zahlenwerks inklusive Metadaten, generische Anfragen zu bedienen. Dabei war gewünscht, dass die Lösung auf sehr abstrakte Fragen selbstständig vielversprechende Ergebnisse liefert, gleichzeitig konsistent Fragen zu konkreten Daten beantwortet. Bei der Umsetzung dieser Suchfunktionalität haben wir uns bewusst gegen den „kanonischen Ansatz vektorbasierter Persistenz" entschieden. Einer der Gründe hierfür war, dass eine semantische Aufbereitung der quantitativen Daten in diesem Fall nicht-trivial ist. Stattdessen haben wir die Daten direkt einem internen Agentensystem für die Suche bereitgestellt – verschiedene LLM-Agenten durchsuchen unterschiedliche Teile des Dokuments und liefern jeweils relevante Ergebnisse. Diese werden final durch einen dedizierten Agenten konsolidiert. Das Resultat:

Eine Suchfunktionalität, die die komplexen Anforderungen passgenau erfüllt. Wir sehen also, dass trotz Standards für „semantische Suchen" wie Vektordatenbanken je nach Anwendungsfall andere Ansätze zu sehr guten Ergebnissen führen: In diesem Falle ein Multiagentensystem für die Suche, das übrigens selbst wiederum in ein größeres Multiagentensystem zur Abbildung der Gesamtfachlichkeit eingebettet ist.

Sprachverständnis x Modularität: Der Schlüssel zu moderner Architektur

Bekannte Best Practices im Bereich klassischer Softwarearchitektur sind gemacht für eine Welt, die sich durch Regeln beschreiben lässt. Sie sind nicht darauf ausgelegt mit Unschärfe und Subjektivität umzugehen. Wir brauchen daher neue Konzepte und müssen diese in der Architektur verankern. Dies umfasst mehrere Komponenten – vom Prompt Engineering über Multiagentenarchitekturen bis hin zu Datenhaltung und -bereitstellung.

Von zentraler Bedeutung ist der richtige Schnitt von LLM-Agenten gekoppelt mit einer Intuition für Semantik. Indem wir Ideen wie Modularität mit der Unschärfe von Sprache zusammenführen, werden Systeme ermöglicht, die es leisten funktionale Anforderungen inkl. einer natürlichen und subjektiven Mensch-Maschine-Interaktion mit nicht-funktionalen Aspekten elegant zusammenzuführen.

Key Findings

- **Eine neue Softwarearchitektur**
  Architektur im Zeitalter der LLMs muss das Spannungsfeld zwischen semantischen Gestaltungsmöglichkeiten und Regelwerk technisch ausbalancieren. Zentrale Hebel hierfür sind Prompting, Spezialisierung & Kollaboration (Agentensysteme) sowie die Datenbasis.
- **Steuerung über Sprache**
  Prompts und natürliche Sprache sind zentrale Gestaltungsmittel – Architektur passiert nicht mehr nur im Code, sondern auch im Sprachraum. Indem wir einem LLM mitteilen, in welcher Rolle es agieren soll und welche Spielregeln einzuhalten sind, verankern wir Anforderungen direkt im Kontextwissen der Modelle.
- **Multiagentensysteme und das Prinzip der Arbeitsteilung**
  Modularität und Spezialistentum führt zum Konzept der Multiagentenarchi-

tektur – ein Netzwerk aus kollaborierenden und interagierenden LLMs bedient unterschiedliche Aspekte der Fachlichkeit. Agenten agieren als Übersetzer von natürlicher Sprache in Codeausführung und realisieren so den Übergang von Semantik zu Determinismus, von Sprache zu Regeln. Dieser architekturelle Schnitt führt zu Flexibilität, Skalierbarkeit und Erweiterbarkeit.

- **Datenbasis: Lesestoff für LLMs**
  Echter Mehrwert entsteht in der Zusammenführung eines LLMs mit den eigenen Daten. Dabei gilt auch in einer sprachbasierten Welt: Die Antworten sind nur so gut wie die bereitgestellten Daten. Gepflegte, aktuelle Daten und deren Aufbereitung und Qualität sind daher von grundlegender Bedeutung. Sie sind integraler Bestandteil der Softwarearchitektur LLM-basierter Applikationen.

Literaturverzeichnis

[1] Haiyan Zhao, Hanjie Chen, Fan Yang, Ninghao Liu, Huiqi Deng, Hengyi Cai, Shuaiqiang Wang, Dawei Yin, and Mengnan Du. Explainability for Large Language Models: A Survey. *ACM Trans. Intell. Syst. Technol.*, 15 (2), February 2024. ISSN 2157-6904. doi: 10.1145/3639372. URL https://doi.org/10.1145/3639372.

[2] Jack Lindsey, Wes Gurnee, Emmanuel Ameisen, Brian Chen, Adam Pearce, Nicholas L. Turner, Craig Citro, David Abrahams, Shan Carter, Basil Hosmer, Jonathan Marcus, Michael Sklar, Adly Templeton, Trenton Bricken, Callum McDougall, Hoagy Cunningham, Thomas Henighan, Adam Jermyn, Andy Jones, Andrew Persic, Zhenyi Qi, T. Ben Thompson, Sam Zimmerman, Kelley Rivoire, Thomas Conerly, Chris Olah, and Joshua Batson. On the Biology of a Large Language Model. *Transformer Circuits Thread*, 2025. URL https://transformer-circuits.pub/2025/attribution-graphs/biology.html.

[3] Nils Reimers and Iryna Gurevych. Sentence-BERT: Sentence Embeddings using Siamese BERT-Networks. In Kentaro Inui, Jing Jiang, Vincent Ng, and Xiaojun Wan, editors, *Proceedings of the 2019 Conference on Empirical Methods in Natural Language Processing and the 9th International Joint Conference on Natural Language Processing (EMNLP-IJCNLP)*, pages 3982–3992, Hong Kong, China, November 2019. Association for Computational Linguistics. doi: 10.18653/v1/D19-1410. URL https://aclanthology.org/D19-1410/.

[4] Sebastian Farquhar, Jannik Kossen, Lorenz Kuhn, and Yarin Gal. Detecting Hallucinations in Large Language Models Using Semantic Entropy. *Nature*, 630(8017):625–630, 2024. doi: 10.1038/s41586-024-07421-0. Published online 19 June 2024; Received 17 July 2023; Accepted 12 April 2024.

[5] Tehseen Rug, Felix Böhmer, and Tessa Pfattheicher. From Logic to Language: A Trust Index for Problem Solving with LLMs, 2025. URL https://arxiv.org/abs/2507.16028.

[6] Xinyi Li, Sai Wang, Siqi Zeng, Yu Wu, and Yi Yang. A Survey on LLM-Based Multi-Agent Systems: Workflow, Infrastructure, and Challenges. *Vicinagearth*, 1(1):9, oct 2024. ISSN 3005-060X. doi: 10.1007/s44336-024-00009-2. URL https://doi.org/10.1007/s44336-024-00009-2.

[7] Christoph Völker, Benjamí Moreno Torres, Ghezal Zia, Rafia Firdous, Felix Böhmer, Dietmar Stephan, and Sabine Kruschwitz. Presenting SLAMD -A Sequential Learning Based Software for the Inverse Design of Sustainable Cementitious Materials. *NanoWorld Journal*, 09 2023. doi: 10.17756/nwj.2023-s2-032.

[8] Christoph Völker, Benjami Moreno Torres, Tehseen Rug, Rafia Firdous, Ghezal Ahmad Jan Zia, Stefan Lüders, Horacio Lisdero Scaffino, Michael Höpler, Felix Böhmer, Matthias Pfaff, Dietmar Stephan, and Sabine Kruschwitz. Data Driven Design of Alkali-Activated Concrete Using Sequential Learning. *Journal of Cleaner Production*, 418:138221, 2023. ISSN 0959-6526. doi: https://doi.org/10.1016/j.jclepro.2023.138221. URL https://www.sciencedirect.com/science/article/pii/S095965262302379X.

[9] Christoph Völker, Tehseen Rug, Kevin Maik Jablonka, and Kruschwitz Sabine. LLMs can Design Sustainable Concrete – a Systematic Benchmark, January 2024. URL https://doi.org/10.21203/rs.3.rs-3913272/v1. Preprint (Version 1), published 31 January 2024.

Software Engineering neu gedacht

Die neue Unschärfe in der Entwicklungslandschaft

Im letzten Kapitel haben wir uns mit den neuen Konzepten im Lösungsraum von GenAI-Software befasst: *WAS* wollen wir in Zukunft bauen und was ist der passende Gestaltungsrahmen? In diesem Kapitel soll es nun um die Frage gehen; WIE kommen wir da hin? Oder ganz fundamental: *WIE* wird in Zukunft Software entwickelt?

Wenn man von GenAI in der Softwareentwicklung spricht, denkt man oft reflexartig an Copilot oder ChatGPT als Alternative für Stack Overflow. Kurz: an ein technisches Toolset, das den Arbeitsalltag von Entwicklungsteams effizienter macht. Das ist nicht falsch und wir werden im Kapitel **Toolgestützte Praxis** genauer die Arbeit mit entsprechenden Tools beleuchten – aber es ist nicht der Fokus dieses Kapitels. Denn hier geht es nicht um die Nutzung von LLMs in Projekten, sondern um etwas Grundsätzlicheres:

Was bedeutet Softwareentwicklung, wenn LLMs ein integraler Teil der Lösung selbst werden, wenn also Applikationen entstehen, die im Kern LLMs zur Lösung eines Problems nutzen? Diese Frage markiert eine tektonische Verschiebung im Selbstverständnis von Software Engineering (SWE).

SWE hatte seit den ersten Tagen klare Konturen: Probleme werden in präzise Algorithmen übersetzt, Code folgt einer deterministischen Logik, und Entwicklungsprozesse sind auf Vorhersehbarkeit und Reproduzierbarkeit ausgerichtet. Die Entwicklung trägt dabei die endgültige Verantwortung, die Logik zu verstehen und in Form von Code in das fertige Produkt zu gießen.

T. Pfattheicher et al., *When is it good enough? – Softwareprojekte im Zeitalter generativer KI*,
https://doi.org/10.1007/978-3-658-50100-6_9

Intention statt totaler Kontrolle

Mit dem Aufkommen generativer KI und insbesondere LLMs bewegen wir uns nun in eine Welt, in der die Grenzen verschwimmen und die vertraute Schärfe einer neuen, produktiven Unschärfe weicht. Was bedeutet „entwickeln", wenn KI sich (teilweise) um die Kernlogik kümmert? Aus der deterministischen Umsetzungsverantwortung wird stellenweise eine *Intention*. Die KI tritt als Vermittler zwischen Intention und tatsächlichem Ergebnis auf den Plan.

Die klassische Definition des Entwickelns – das Schreiben von Code nach einem (im besten Fall) klar definierten Anforderungskatalog – transformiert sich also grundlegend. Wenn LLMs in Sekundenschnelle selbstständig Antworten auf beliebige Fragen erzeugen und somit die zentrale Entscheidungsinstanz darstellen, muss die Tätigkeit des Softwareentwicklungsteams neu gedacht werden. Entwickeln wird zunehmend zu einem Dialog zwischen Mensch und Maschine, bei dem der Mensch die Richtung vorgibt, während die KI die Umsetzungsdetails übernimmt. Diese Verschiebung ist nicht nur eine Frage der Werkzeuge, sondern ein wahrer Bruch: Der Begriff von Kontrolle über Software ändert sich fundamental. Entwicklung wird zur aktiven Gestaltung offener Möglichkeitsräume – unter Unsicherheit. Dabei entsteht ein neues Spannungsfeld: Entwickelnde navigieren nicht mehr primär durch syntaktische Strukturen und Algorithmen, sondern durch semantische Räume und Kontexte. Die Kunst des Programmierens verschiebt sich vom detaillierten Handwerk des einzelnen Codeblocks hin zur orchestrierten Komposition von KI-generierten Lösungsvorschlägen, von der Verdrahtung von Klassen und Methoden hin zur Orchestrierung von LLM-Agenten.

Praxisbeispiel

Delegation von Logik an LLMs

Im ersten Jahr nach dem offiziellen Release von ChatGPT im November 2022 haben wir in verschiedenen Projekten LLM-basierte Anwendungen für Kunden auf dem Level Proof of Concept entwickelt. In dieser „Experimentierphase" haben wir früh die Erfahrung gemacht, dass der Versuch, ein LLM stark über Regeln zu steuern, oft nicht zielführend ist. In einem konkreten Anwendungsfall ging es darum, ein Beratungsangebot zu Produkten durch einen LLM-basierten Chatbots zu automatisieren. Orientiert an klassischen Dialogen haben wir im ersten Schritt ein System gebaut, dass anhand von klassischer Programmlogik entscheidet, wann LLMs mit welchem Prompt und Kontext aufgerufen werden. Anhand der bisher gesammelten Information zu den Kunden und deren Präferenzen wurde entschieden, welche Interaktion im nächsten Schritt stattfinden soll.

Obwohl der Use Case auf diese Art rein funktional die Anforderungen erfüllt hat, fühlte sich das entstandene System starrer und mechanischer als ChatGPT an. Es fehlte das Wow. Als wir mehr der Steuerung über weiche sprachbasierte Vorgaben in Richtung LLMs ausgelagert haben, hat dies das System deutlich verbessert. Durch die hinzugekommene Unschärfe fühlte sich die Applikation wesentlich stärker nach einem Dialog mit einem „echten" Berater an. Gleichzeitig wurde die Kernfunktionalität weiterhin abgebildet – die LLMs haben selbstständig anhand der vorhandenen Informationen die richtigen Entscheidungen bzgl. des weiteren Gesprächs getroffen.

Von der Implementierung zur Steuerung

Während traditionell ein Großteil der Entwicklungszeit für die tatsächliche Implementierung aufgewendet wurde, verlagert sich ein großer Teil des Impacts der Entwicklung nun auf vier neue Kernbereiche:

1. **Promptdesign:** Die präzise Formulierung von Anforderungen in einer für LLMs optimalen Weise wird zur kritischen Kompetenz. Das Entwicklungsteam wird zu Übersetzern zwischen fachlichen Anforderungen und KI-verständlichen Anweisungen. Diese Aufgabe lässt eigentlich keinen Raum mehr für eine „Dienstleistungsmentalität" als „Umsetzer fachlicher Vorgaben". Stattdessen ist ein Mindset von Co-Ownership der fachlichen Komplexität gefragt!
2. **Steuerung des Generierungsprozesses:** Das Lenken der KI durch iterative Anpassungen, architekturelle Vorstrukturierung, Kontextergänzungen und Spezifizierungen erfordern ein tiefes Verständnis dafür, wie LLMs "denken".
3. **Evaluation:** Die Beurteilung der generierten Lösungen hinsichtlich Qualität, Sicherheit und Passgenauigkeit gewinnt massiv an Bedeutung, da keine 1:1-Entsprechung zwischen Anforderung und Ergebnis mehr garantiert ist.
4. **Semantisches Testing/Debugging:** Fehler lassen sich nicht mehr auf Syntax zurückführen, sondern müssen durch interpretative Arbeit an Bedeutung, Kontext und Erwartung aufgelöst werden. Damit entstehen neue Formen des Engineerings – mit Sprache als Werkzeug.

Diese Verschiebung bedeutet jedoch nicht, dass weniger Expertise erforderlich ist – im Gegenteil. Die neuen Aufgaben erfordern sogar ein höheres Maß an Erfahrung und Seniorität, da Entwickelnde nun zusätzlich zur technischen auch eine Meta-Ebene beherrschen müssen.

Entwicklung im Möglichkeitsraum – eine neue Logik der Softwaregestaltung

Die Integration von Sprachmodellen zwingt uns, den Begriff von „Entwicklung" ganz grundsätzlich neu zu denken. Denn was früher als schrittweise Konkretisierung eines Systems verstanden wurde – von Anforderungen über Architektur zu Code –, wird nun zu einem Prozess des Erkundens und Bewertens.

Software ist nun nicht mehr ausschließlich ein ausformuliertes System deterministischer Logik. Software ist zunehmend ein verhandelbares Verhalten. Und das klappt nur im Zusammenspiel von Sprache, Kontext und Daten.

Aus vorangegangenen Kapiteln wissen wir wie sich das erkenntnistheoretisch zeigt:

- Entscheidungen sind nicht mehr vollständig rekonstruierbar
- Verhalten ist nicht vollständig spezifizierbar
- Qualität ist nicht allein über Funktionalität messbar, sondern über Wirkung im Nutzungskontext

Im Konkreten heißt das: „Entwicklung" bedeutet nicht mehr nur, möglichst genau vorzugeben, was das System tut. Stattdessen geht es darum, die Bedingungen dafür zu schaffen, dass sich das System dem Wesenskern einer Aufgabe folgend sinnvoll *verhält*. Auf dem Weg dorthin muss dieses entstehende Verhalten interpretiert, gerahmt und gestaltet werden und dabei kontinuierlich Wirkung mit Erwartung abgeglichen werden.

Es ist somit gar kein Zufall, dass Begriffe wie „Promptdesign", „Kontextsteuerung" und „Evaluation" weiter in den Mittelpunkt rücken. Sie sind Ausdruck einer architektonisch neuen Wirklichkeit: Systeme enthalten zunehmend regelarme, verhaltensreiche Komponenten.

Das neue Skillset der Softwareentwicklung

Mit dem Wandel der Aufgaben verändert sich auch das erforderliche Kompetenzprofil. GenAI-Entwicklungsteams der Zukunft kombinieren klassische Programmierfähigkeiten mit neuen Schlüsselkompetenzen:

- **Linguistisches Verständnis:** Die Fähigkeit, präzise und effektive Prompts zu formulieren und das Bewusstsein, dass die Dimension Sprache den Antwortraum a priori beliebig weit öffnet

- **Systemisches Denken:** Das Verstehen komplexer Wechselwirkungen zwischen Prompt, Kontext und Modellverhalten.
- **Domänenexpertise:** Tieferes fachliches Verständnis, um die inhaltliche Korrektheit von Generierungen beurteilen zu können
- **KI-Intuition:** Ein Gefühl dafür, wie LLMs auf bestimmte Eingaben reagieren und wie man sie optimal steuert
- **Ethisches Bewusstsein:** Sensibilität für Verzerrungen, Fehlinformationen und andere problematische Aspekte von KI-generierten Inhalten
- **Verständnis für LLM-basierte Softwarearchitektur:** Das Wissen wie neue architekturelle Paradigmen wie Multiagentensysteme umgesetzt werden. Außerdem ein Verständnis für Testing, Security und Monitoring im LLM-Zeitalter
- **Ein grundlegendes Verständnis für die natürlichen Grenzen von LLMs:** Wann sollte man nachtrainieren statt zu prompten und wann ist ein LLM nicht die richtige Lösung für das Problem

Die Verantwortung des Entwicklungsteams erweitert sich dabei erheblich: Wo früher die korrekte Implementierung technischer Spezifikationen im Vordergrund stand, muss nun auch die inhaltliche und ethische Dimension der generierten Lösungen bewertet werden.

Viele der bisher beschriebenen Verschiebungen – etwa die Veränderung der Aufgaben in der Softwarearchitektur oder das dialogische Verständnis von Anforderungen – werfen die Frage auf, wie sich unsere Rollen und Verantwortlichkeiten konkret verändern. Auf einige dieser Punkte wollen wir in den folgenden Abschnitten genauer eingehen.

Konvergenz der Rollen – und die neue Positionierung von GenAI Engineers

Die klaren Grenzen zwischen traditionellen IT-Rollen verschwimmen zusehends. Wir beobachten eine interessante Konvergenz. Die folgende Abbildung verdeutlicht die Entwicklung der Skillsets entlang eines Spektrums: vom Data Scientist über den AI Engineer bis hin zum klassischen Software Engineer.

Traditionell lag die Arbeitsteilung klar:

- Data Scientists arbeiteten nah an den Daten, Modellen und statistischen Methoden.
- AI Engineers kümmerten sich um die Integration trainierter Modelle in produktive Systeme.

- Software Engineers bauten die umgebende Architektur, Infrastruktur und die Anwendungen.

Mit der Etablierung generativer Systeme entstehen jedoch neue Schwerpunktsetzungen. GenAI Engineers bewegen sich zunehmend im Zwischenraum: Sie greifen stärker in die Semantik und in das Verhalten von LLMs ein, arbeiten mit Prompts, Kontextarchitekturen und Agentenschnitt, ohne selbst immer tief in die Modellarchitektur einzutauchen.

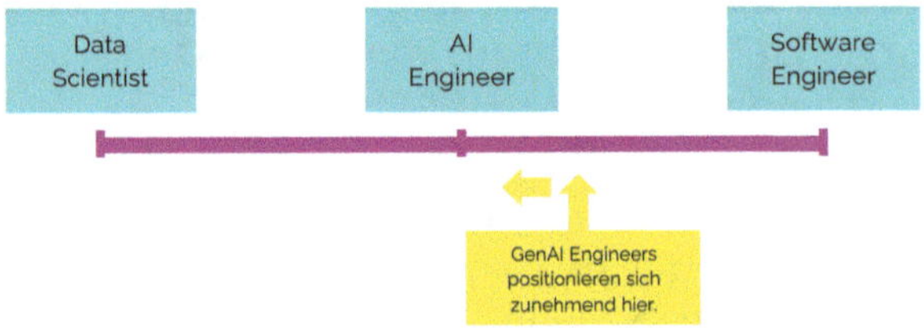

Abb. 5 Die Einordnung von GenAI Engineers relativ zu den etablierten Rollen in Softwareprojekten.

Abb. 5 zeigt diese Verschiebung schematisch. Einerseits rücken GenAI Engineers vom klassischen Coding- und Architekturverständnis heran in Richtung AI Engineer. Andererseits öffnen sie den Raum in Richtung Domäne und Sprache – Felder, die bisher außerhalb der klassischen AI Engineering Rolle lagen. Gleichzeitig rückt auch klassische Softwareentwicklung näher an KI-Themen heran. Wenn LLMs zentraler Baustein einer Digitalisierungslösung sind, müssen sie sich mit Konzepten wie Prompting, Embeddings und Modelleigenschaften auseinandersetzen.

Aber auch weitere spezialisierte Projektrollen wie Data Scientists sind in Bewegung, konkret in Richtung Engineering, da zunehmend „fertige" Modelle direkt in den Einsatz gebracht werden können und die Feinjustierung oft über Prompt Engineering statt über Training erfolgt.

Zu guter Letzt nähern sich technische und fachliche Rollen grundlegend an. POs und Entwicklungsteams arbeiten zusammen an Prompts und gestalten so gemeinsam die Applikation.

Dies bedeutet nicht, dass klassische Kompetenzen der verschiedenen Rollen irrelevant werden. Vielmehr verschiebt sich das traditionelle Rollenverständnis. Die Schnittmenge gemeinsamer Aufgabenfelder über Rollen hinweg wird größer.

Praxisbeispiel

Prompting als Brücke zwischen den Rollen

Wir haben bereits von qbs.ai berichtet, einer Applikation, die wir gemeinsam mit kobaltblau Management Consultants GmbH entwickelt haben, um den frühen strategischen Beratungsprozess neu zu denken. Viele Prompts wurden kollaborativ durch Entwicklung und PO geschrieben. Somit hat der PO direkt an der Entwicklung des „Codes" in Form von Prompts mitgewirkt. Der Vorteil ist offensichtlich: Das langjährige und fundierte Domänenwissen im Bereich Strategieberatung führt zu gezielteren Instruktionen an das LLM und somit zu deutlich besseren Ergebnissen. Gleichzeitig haben Data Scientist eine datenzentrierte Perspektive eingebracht. Gemeinsam wurden somit Maßnahmen zur Bewertung und iterativen Verbesserung des Antwortraums erarbeitet.

Ein kurzer Blick auf eine Management-Perspektive: Wenn Rollen zwischen Fachlichkeit und Technik verschwimmen, betrifft das nicht nur Projektteams. Ausbildungswege, Karrierepfade und Führungsmodelle müssen neu gedacht werden. Das Übersetzen zwischen Domäne und Modell wird zu einer Kernkompetenz, die Organisationen aktiv ermöglichen müssen.

Die Intuition für das Unscharfe

Erfolgreiche Engineers kultivieren eine besondere Form der Intuition: das Gefühl für das Verhalten von LLMs. Diese Intuition ist weder rein technischer noch rein fachlicher Natur, sondern eine Mischung aus Erfahrungswissen, empirischer Beobachtung und dem Verständnis für die statistischen Grundlagen von Sprachmodellen.

Diese Intuition ermöglicht es, zu antizipieren, wie ein Modell auf bestimmte Prompts reagieren wird ohne den exakten Wortlaut vorherzusagen, welche Formulierungen bessere Ergebnisse liefern und wie Kontexterweiterungen das Ausgabeverhalten beeinflussen. Sie ist weniger lehrbar als vielmehr durch praktische Erfahrung erwerbbar – ein Aspekt, der Seniorität und Erfahrung in der Softwareentwicklung neu definiert.

Konkret zeigt sich dies darin, dass man über Erfahrung im Umgang mit LLMs lernt, je nach Aufgabe intuitiv z. B. folgende Aspekte zu bewerten:

- Hilft es, wenn man Beispiele von Frage-Antwort-Paaren in den Prompt aufnimmt?
- Ist eine Schritt-für-Schritt Instruktion nützlich?
- Reicht eine sehr kompakte und knappe Aufforderung?

Dies soll nicht heißen, dass robuste Prüfungen der Ergebnisse und saubere Architektur obsolet werden. Vielmehr ist Intuition fürs Prompting von LLMs als wertvolle Ergänzung zu betrachten: Sie beschleunigt den Entwicklungsprozess, da das Verhalten des Systems antizipiert wird.

Der Fachlichkeits-Mismatch

Ein entscheidender Bruch mit der Vergangenheit liegt in der Art, wie Fachlichkeit in Software abgebildet wird. In klassischen Systemen wurde fachliche Logik explizit in Code gegossen – in Form von If-Else-Strukturen, Entscheidungsbäumen und klar definierten Algorithmen. Bei LLM-basierten Anwendungen hingegen ist die Fachlichkeit nicht mehr vollständig im klassischen Code sichtbar

Die Fachlogik manifestiert sich nun in:

- Der Formulierung und Strukturierung von Prompts
- Dem Schnitt von LLM-Agenten
- Der Auswahl und Aufbereitung von Kontextinformationen
- Der Bewertung und Nachbearbeitung von Generierungen

Dies führt zu einer fundamentalen Herausforderung: Entwicklungsteams müssen ein tieferes Verständnis der Domäne haben als je zuvor, da sie nicht nur technische Spezifikationen umsetzen, sondern aktiv als Übersetzer zwischen fachlicher Anforderung und LLM-System agieren. Sie müssen zumindest initial bewerten können, ob eine generierte Antwort fachlich korrekt ist, obwohl die zugrundeliegende Logik nicht explizit programmiert wurde. Damit bewegen sie sich in Richtung Domänenexpertise und folgen dem PO auf dem Weg zur Konvergenz von Anforderung und Umsetzung.

In diesem neuen Paradigma wird Entwicklung, aber auch Product Ownership zu Übersetzung zwischen zwei Welten: Der domänenspezifischen Fachlichkeit einerseits und der probabilistischen Sprachverarbeitung andererseits. Die Aufgabe ist es, fachliche Anforderungen so zu formulieren, dass das LLM die gewünschten Ergebnisse produziert, während die eigentliche „Implementierung" der Fachlogik zu großen Teilen vom Modell selbst übernommen wird. Zudem müssen Entwicklungsteams unter Berücksichtigung der Architektur ein Gefühl dafür entwickeln, wo welcher Prompt und in welchem Umfang zu verorten ist, wenn etwa ein auf vielen Agenten basiertes System entwickelt wird.

Diese Übersetzerrolle erfordert nicht nur technisches Verständnis, sondern auch kommunikative Fähigkeiten und die Bereitschaft, sich auf die genannten Herausforderungen bedingungslos einzulassen. Entwicklung muss verstehen, was Fachbereiche wirklich meinen, und dieses Verständnis in eine Form bringen, die für das LLM optimal interpretierbar ist.

Die neue Balance finden

Die Softwareentwicklung befindet sich in einer Phase tiefgreifender Transformation. Die klaren, scharfen Konturen deterministischer Systeme weichen einer produktiven Unschärfe, in der natürliche Sprache zur universellen Schnittstelle wird. Diese Unschärfe ist jedoch kein Mangel, sondern eine Chance – sie ermöglicht es, Probleme zu lösen, die zuvor nicht modellierbar waren.

Die erfolgreichen Entwicklungsteams von morgen werden jene sein, die die Balance finden zwischen technischer Präzision und dem bewussten Umgang mit Unschärfe. Sie werden nicht nur Code schreiben, sondern aktiv Systemverhalten steuern und an der Schnittstelle von natürlicher und formaler Sprache agieren. Sie werden nicht nur implementieren, sondern auch übersetzen. Und sie werden dabei helfen, die ehemals getrennten Inseln der Automatisierung durch einen nun auch für Maschinen zugänglichen Ozean der natürlichen Sprache zu verbinden.

Wenn nicht mehr alles vorhersagbar ist, wird der Wert an dem gemessen, was sie mit Unschärfe anfangen können.

Key Findings

- **Das Skillset des SWEs im Zeitalter der Unschärfe**
  Wenn LLMs als Übersetzer zwischen Fachlichkeit und Maschine übersetzen, verschiebt sich die Rolle der Entwicklung weg von klassischen Programmierern und hin zu semantischen Orchestratoren. Klassischer Code ist das

notwendige technische und architekturelle Gerüst, die Fachlogik wandert in Richtung LLM. SWEs müssen daher das technische Fundament beherrschen und gleichzeitig die semantischen Fähigkeiten von LLMs lenken.

- **Intuition für LLMs**
  Um LLMs sinnvoll in Applikationen zu verbauen, ist es wichtig, Intuition für deren Verhalten zu entwickeln. Durch Erfahrung und Arbeit mit LLMs entwickeln Projektbeteiligte ein Bauchgefühl dafür, wie LLMs antworten, wenn sie speziell gepromptet werden. Dabei geht es nicht um das korrekte Voraussagen der Antwort, sondern um ein Verständnis für das semantische Verhalten des LLMs.

- **Konvergenz der Rollen**
  Natürliche Sprache als Universalschnittstelle führt fachliche und technische Expertise zusammen. POs schreiben Prompts um bestmöglichen Kontext für LLMs bereitzustellen und SWEs müssen die generierten Inhalte bewerten können – ein natürlicher und wünschenswerter Handschlag vormals strikt getrennter Aufgabenfelder.

Qualität: Von exakter Gleichheit zu vertrauenswürdiger Unschärfe

Von der Exaktheit zur Angemessenheit

In der klassischen Softwareentwicklung ist Testing eine klare Angelegenheit: Eine Funktion erhält einen definierten Input und liefert entweder das erwartete Ergebnis oder nicht. Ein Test fällt durch oder besteht. Gut oder schlecht, schwarz oder weiß – die Welt der booleschen Logik bietet uns eine beruhigende Sicherheit.

Jetzt befinden wir uns jedoch in einer grundlegend neuen Situation: Wir haben das Reich der exakten Antworten verlassen und sind mit dem Einsatz von GenAI in den unscharfen Lösungsraum der natürlichen Sprache eingetreten. Semantik und Inhaltsebene stehen im Zentrum. Hier kann die Antwort auf eine Frage nicht mehr einfach als „richtig“ oder „falsch“ kategorisiert werden. Sie bewegt sich vielmehr auf einem Kontinuum von „angemessen“ bis „unangemessen“, von „hilfreich“ bis „irreführend“, von „faktisch korrekt“ bis „halluziniert“, von „begeisternd“ bis „langweilig“. Die Herausforderung ist nun, Punkte semantischer Nähe zu finden und so eine Vergleichbarkeit auf der Inhaltsebene zu definieren. Außerdem gilt es, die diskutierten Schieberegler entlang dieser Dimensionen derart zu setzen, dass die Antworten „gut genug“ sind.

Aber wer bestimmt das überhaupt? Ein und dieselbe Antwort kann von unterschiedlichen Personen als gut oder schlecht wahrgenommen werden. Eine rein technische Bewertung wird verschoben auf die *subjektive* Gefühlsebene: "Ich finde das gut" oder "Oh no, das gefällt mir persönlich gar nicht".

Wollen wir trotzdem nicht „nach Gefühl“ arbeiten und Resultate entwickeln, die die überwiegende Mehrheit der User in den richtigen, kritischen Momenten begeistert, müssen wir bei Qualitätssicherung und Testing von LLM-basierten Anwendungen neue Wege gehen. Wir müssen neue Methoden einsetzen, die das volle Potenzial dieser neuen Technologie ausschöpfen und gleichzeitig ihre Ambiguitäten und Risiken inklusive subjektiver Wahrnehmungen adressier-

T. Pfattheicher et al., *When is it good enough? – Softwareprojekte im Zeitalter generativer KI*,
https://doi.org/10.1007/978-3-658-50100-6_10

bar machen. Dabei werden wir an kritischen Punkten die Sicherheit einzelner Kontrollpunkte gegen eine statistische Optimierung von „good enough" eintauschen. Denn schließlich haben wir es mit einer „Wahrscheinlichkeitsmaschine" zu tun. Das Testen einer solchen kann nur sinnvoll auf der statistischen Ebene stattfinden.

Diese Methoden müssen einerseits effizient und skalierbar sein, andererseits das einzige wirklich kritische und unumgängliche letzte Quality Gate bei der Frage nach dem „überzeugenden Einsatz natürlicher Sprache" passieren: Den Menschen. Wir suchen also nach einer Methodik, die Automatisierung – wiederum durch den Einsatz von GenAI! – und eine punktuelle Einbeziehung des Menschen vereint.

Human in the Loop: Die unverzichtbare menschliche Komponente

Inmitten all der Begeisterung für die Fähigkeiten moderner LLMs bleibt eine grundlegende Erkenntnis bestehen: Wir können ihre Antworten nicht vollständig antizipieren. Der Mensch bleibt daher eine wichtige Kontrollinstanz für die Bewertung der Qualität LLM-basierter Lösungen. Menschliches Feedback bleibt daher das Maß, an dem sich entscheidet, wann das System „gut genug" ist. Wenn es uns nicht abholt, ist es völlig irrelevant, was eine Maschine dazu zu sagen hat. Wir müssen also sicherstellen, dass der Mensch nach wie vor eine prominente Rolle im Kreislauf des Entwicklungsprozesses einnimmt – an den richtigen Stellen!

Das „Human in the Loop"-Konzept ist daher ein fundamentales Element jeder ausgereiften LLM-basierten Applikation.

Die Integration menschlicher Expertise kann auf verschiedenen Ebenen erfolgen:

1. Evaluierung der Endergebnisse: Menschen bewerten Antworten nach Qualitätskriterien wie Korrektheit, Relevanz und Angemessenheit.
2. Stichprobenartige Überprüfung: Besonders in kritischen Anwendungsfällen sollte eine regelmäßige manuelle Prüfung erfolgen, selbst wenn das System bereits hohe Zuverlässigkeit zeigt.
3. „Alignment" zwischen LLMs und Mensch: Um überhaupt an eine automatisierte Prüfung durch LLMs zu denken ist es wichtig, dass KI und Mensch „aligned" sind (siehe Infobox im Abschnitt „*Von manueller Oversight zu Automatisierung: LLMs prüfen LLMs*" in diesem Kapitel). Dies bedeutet, dass LLM-Agenten, die zur Prüfung verwendet werden, an „echten" menschlichen Prä-

ferenzen ausgerichtet sein müssen. Hierzu ist eine gute Kenntnis der User von zentraler Bedeutung.

4. Entscheidung in Grenzfällen: Wenn das System selbst eine geringe Konfidenz signalisiert oder widersprüchliche Ergebnisse liefert, sollte die Entscheidung an einen menschlichen Experten delegiert werden.

Der menschliche Beitrag liegt dabei also nicht in der bloßen Korrektur von Fehlern, sondern ebenso im Abgleich von Mensch und LLM. Ebenso im Erkennen subtiler Nuancen und kontextueller Faktoren, die für ein LLM-System noch immer schwer zu erfassen sind, ist menschlicher Input gefragt. Dies ist z. B. immer dann eine gute Idee, wenn unternehmensspezifisches Spezialistenwissen erwartet wird. Die Kunst besteht darin, diesen menschlichen Input so zu gestalten, dass er skalierbar und effizient bleibt – ein Balanceakt zwischen Qualitätskontrolle und Ressourceneinsatz.

Feedback-Mechanismen: Der Schlüssel zur kontinuierlichen Verbesserung

Wo die klassischen deterministischen Tests an ihre Grenzen stoßen, werden Feedback-Mechanismen zum zentralen Element der Qualitätssicherung. Sie bilden eine Brücke zwischen den unscharfen Antworten der LLMs und den subjektiven Qualitätserwartungen der User. Gleichzeitig schaffen wir erst durch das Sammeln von Feedback die statistische Voraussetzung, iterativ auf ein Optimum des „good enough" aller relevanter Beteiligten zuzugehen.

Es entsteht ein Datensatz, den wir verwenden können, um die iterative Weiterentwicklung von Prompts und Architektur gegen die Wünsche unserer Nutzergruppe zu benchmarken und Schritt für Schritt zu optimieren. Unsere eindimensionale Vorstellung von „guten" und „schlechten" Antworten wird differenzierter und sukzessive feinjustiert. Gleichzeitig entwickeln wir ein tiefes Verständnis für die User, was wiederum die Tür zur Automatisierung über LLM-Agenten öffnet. Dies diskutieren wir später in diesem Kapitel.

Klar ist aber auch: Inhaltliche Perfektion im Sinne boolescher richtig/falsch Logik ist nicht zu erreichen – genauso wenig, wie Sie einen Service-Mitarbeiter einstellen können, der seine ganze Karriere jeden einzelnen Kunden zu 100 % glücklich machen wird. Menschen haben unterschiedliche Vorstellungen davon, was eine gute Antwort ausmacht. Unser Ziel muss es daher sein, nicht jeden und jede Einzelne bei jeder individuellen Frage und Antwort glücklich zu machen, sondern die *statistische* Zufriedenheit mit den Antworten des Systems zu optimieren.

Information

Dimensionen effektiver Feedback-Systeme

1. **Binäres Feedback:** Die einfachste Form – Daumen hoch oder runter – kann bereits wertvolle Signale liefern. Hiermit können bereits unterschiedlichste Aspekte erfasst werden. Wird die Antwort als gut oder schlecht wahrgenommen? Löst sie einen „Wow-Effekt" aus usw.
2. **Granulares Feedback:** Differenzierte Bewertungsskalen für verschiedene Aspekte wie Korrektheit, Relevanz, Nützlichkeit und Stil erlauben eine nuancierte Qualitätsbeurteilung.
3. **Textuelles Feedback:** Die Möglichkeit, konkrete Verbesserungsvorschläge einzureichen, liefert nuancierte Trainingsdaten oder Hinweise für das Prompt Engineering für zukünftige Optimierungen. Die Auswertung dieser Daten ist jedoch mit größerem Aufwand verbunden als z. B. im Falle des binären Feedbacks.

Der Wert dieser Feedback-Daten liegt in der systematischen Aggregation und Analyse. Erst durch die kontinuierliche Rückführung dieser Erkenntnisse in den Entwicklungsprozess – sei es durch Finetuning der Modelle, Verbesserung des Prompt-Designs, „Alignment" zwischen LLM-Agenten und Menschen oder der Anpassung einer Suchlogik – entfalten Feedback-Mechanismen ihr volles Potenzial zur Qualitätssteigerung.

Confirmation Bias

Unter *Confirmation Bias* („Bestätigungsfehler") versteht man die kognitive Verzerrung, bei der Menschen Informationen bevorzugt wahrnehmen, erinnern und interpretieren, die ihre bestehenden Überzeugungen, Erwartungen oder Hypothesen stützen. Gleichzeitig werden widersprechende Informationen tendenziell ignoriert, abgewertet oder nicht aktiv gesucht. Im Kontext der Arbeit mit generativer KI wird diese Verzerrung nicht nur auf der menschlichen Seite relevant – sondern auch im Verhalten des Modells selbst erkennbar: Denn Sprachmodelle erzeugen genau jene Antworten, die auf der Basis des Inputs am wahrscheinlichsten wirken – und bestätigen damit häufig implizite Vorannahmen.

Bei der iterativen Bewertung von AI-Ergebnissen – etwa im Prompt Engineering, in Nutzerfeedback-Schleifen oder in der Bewertung von „Wirkung" – besteht eine systematische Gefahr: Man sieht, was man sehen will und bekommt vielleicht auch genau diese Ergebnisse zu sehen. Gerade wenn Feedback unstrukturiert, Tests explorativ und Ergebnisse semantisch reich sind, tritt *Confirmation Bias* fast zwangsläufig auf.

Generative Sprachmodelle sind keine neutralen Beobachter. Ihre Aufgabe besteht darin, auf Basis von Wahrscheinlichkeit und Mustern anschlussfähige Antworten zu generieren. Daraus ergibt sich ein oft unterschätzter Effekt: Sie neigen dazu, Zustimmung zu suggerieren, insbesondere bei affirmativen oder suggestiven Fragen.

Formulierungen wie „*Das ist doch so, oder?*" oder „*Wieso ist XY so?*" führen häufig zu bestätigenden Antworten – nicht, weil das Modell „überzeugt" wäre, sondern weil es den Input als gewünschten Gesprächsrahmen interpretiert. Die logische Folge: Die Reproduktion von Fehlern, Fehlschlüssen oder Vorannahmen ist strukturell angelegt.

Für den Einsatz in komplexen fachlichen Kontexten bedeutet das:

- Suggestive Fragestellungen müssen von vornherein mitgedacht werden oder bewusst gegengeprüft werden.
- Rückfragen, Unsicherheitsmarkierungen oder Quellenkontexte sollten aktiv integriert werden.
- Die Evaluation muss mitdenken, **dass Systemantworten nicht auf Korrektheit, sondern auf Wahrscheinlichkeitsanschluss optimiert sind.**

Wo generative Systeme die eigenen Annahmen scheinbar bestätigen, entsteht eine neue Verantwortung: Ergebnisverifikation als Bestandteil des Dialogs.

Von manueller Oversight zu Automatisierung: LLMs prüfen LLMs

Bis hierhin haben wir zwar eine Methodik erarbeitet, die sukzessive Verbesserung über geschlossene Feedbackschleifen erlaubt, der Schritt in eine skalierbare Automatisierung fehlt aber noch. Schließlich wollen wir weder bei jeder kleinen Prompt- oder Architekturänderung noch bei einem Modellupdate durch den LLM-Anbieter erneut den kompletten manuellen Feedbackzyklus durchlaufen. GenAI soll uns schneller machen, nicht den Aufwand erhöhen!

Hier rettet uns wiederum die Technologie, deren Einsatz wir optimieren wollen: LLMs.

Eine faszinierende Entwicklung im Bereich des LLM-Testings ist die zunehmende Fähigkeit, die Modelle selbst als Qualitätsprüfer einzusetzen. Hierfür hat sich der Begriff „LLM-as-a-Judge" etabliert. Dies klingt zunächst paradox – wie kann ein System sich selbst kontrollieren? Die Lösung liegt im Alignment zwischen LLMs und Menschen (siehe Infobox) und in der geschickten Orchestrierung verschiedener Modellinstanzen mit spezifischen Rollen:

1. **Das Generatormodell:** produziert die primäre Antwort auf eine Nutzeranfrage.
2. **Das Kritikermodell:** bewertet diese Antwort nach definierten Kriterien wie faktische Korrektheit, Relevanz oder ethische Aspekte. Hierzu können bei Bedarf manuell kuratierte Musterantworten bei der Bewertung berücksichtigt werden. Auch subjektive Dimensionen, wie „ist die Antwort hilfreich", lassen sich so automatisiert messbar machen. Hierzu gilt es die entsprechenden Prompts derart zu schneiden, dass die LLMs sich an realen Nutzern orientieren. Hierbei helfen uns die Datensätze, die wir uns durch Feedback erarbeiten (s. o.).
3. (Optional) **Das Verbesserungsmodell:** schlägt konkrete Änderungen vor, um identifizierte Schwächen zu beheben.

! Information

Alignment

Unter Alignment verstehen wir die Ausrichtung von LLMs am konkreten menschlichen Vorbild. Dabei ist es wichtig, zu erwähnen, dass ein grundlegendes Alignment sozusagen built-in vorhanden ist. Der Grund hierfür liegt im Trainingsprozess vieler LLMs. Oft wird auf menschliches Feedback gesetzt, um die Feinjustierung von Modellen vorzunehmen. Außerdem sind die Modelle u. a. auf menschengeschriebenen Datensätzen trainiert, was bereits eine gewisse, wenn auch maximal breite Form von Alignment nahelegt. Für den konkreten Anwendungsfall gilt es nun aber natürlich, Alignment gezielt zu fokussieren: Auf domänenspezifischem Inhalt, fachliche Funktionalität und relevante Personengruppen.

Genau das ist Voraussetzung für die Automatisierung des Qualitätsprozesses über den LLM-as-a-Judge Mechanismus: Schließlich sollen synthetische Stellvertreter für „echte" User bereitgestellt werden. Gemeint sein können hier Einzelpersonen wie auch „Personas", die für das Verhalten relevanter Usergruppen stehen. Basis dafür können Interviews, Umfragen, Biographien oder eben – wie oben beschrieben – parallel zum Entwicklungsprozess gesammeltes Feedback sein.

Der Skeptiker in uns kann nun die berechtigte Frage stellen, ob wir der Bewertung des Kritikermodells trauen können. Schließlich handelt es sich selbst um eine LLM-generierte Bewertung. Kommen wir also in eine Todesspirale: LLM testet LLM testet LLM testet LLM testet ...?

Auf der anderen Seite sagt uns unsere natürliche Intuition, dass es einen Unterschied gibt zwischen der Erschaffung eines Werks und seiner Beurteilung.

Hierzu gibt es faszinierende Forschungsergebnisse [1], [2] zur LLM-as-a-Judge Idee. Die wichtige Erkenntnis in diesen und vergleichbaren Arbeiten besteht darin, dass qualitativ hochwertige LLMs bei der Bewertung von Antworten über viele verschiedene Aufgabenstellungen und Themengebiete hinweg teils höhere Übereinstimmung erzielen, als Menschen untereinander. Plakativ können wir das in der folgenden Ungleichung festhalten

$$\begin{aligned}100\,\% &> \text{Übereinstimmung (LLM, Mensch)}\\ &> \text{Übereinstimmung (Mensch, Mensch)}\end{aligned}$$

Diese Erkenntnisse geben dem Einsatz von LLMs-as-a-Judge für die automatisierte Prüfung von Antworten einige Legitimation. Wir weisen gleichzeitig darauf hin, dass obige Ungleichung nicht als allgemein gültig verstanden werden soll. Vielmehr wurde dies auf speziellen und kuratierten Benchmarks demonstriert. Auch hier gilt: Ganz ohne menschliches Oversight lässt sich die Prüfung nicht organisieren. Es gilt die LLM-basierten Bewertungen für den eigenen Anwendungsfall am Menschen auszurichten.

Dennoch haben wir einen Weg hin zur Skalierung gefunden! Der LLM-as-a-Judge Ansatz ermöglicht uns eine automatisierte Qualitätskontrolle, die kontinuierlich und in Echtzeit erfolgen kann. Knappe menschliche Ressourcen ergänzen ihn lediglich stichprobenartig, in dosierter Häufigkeit und an kritischen Stellen. Die Rolle des Menschen verschiebt sich von der direkten Bewertung jeder einzelnen Antwort hin zur Metaevaluation des Gesamtsystems, zur Intervention bei erkannten systematischen Schwächen und zur letzten Entscheidungsinstanz insbesondere bei Fragestellungen (z. B. jenen, die stark auf spezieller Semantik im Unternehmenskontext basieren).

Aber wie testen wir im Konkreten überhaupt LLM-basiert? Wie erreichen wir eine ausreichende „Testabdeckung"? Betrachten wir zur Veranschaulichung ein System bestehend aus drei Agenten: Ein vorgelagerter LLM-Orchestrator, der die Anfrage an eines von zwei Experten-LLMs delegiert. Hier kann auf Ebene der einzelnen Komponenten geprüft werden, wie gut der Orchestrator bei variablen Fragen den richtigen Experten identifiziert bzw. wie gut ein gegebener Experte auf die Frage eingeht. Auf Ebene des Gesamtsystems kann getestet werden, wie gut die Aufgabe end-to-end erledigt wird – sozusagen ein LLM-basierter Integrationstests. Dies kann auf der Ebene „Frage-Antwort", sowie „Frage-Antwort unter Berücksichtigung des Chatverlaufs" im Kontext eines

Chatsystems erfolgen. Dabei gilt es unterschiedliche Bewertungskriterien wie Lesbarkeit, inhaltliche Tiefe der Antwort und Tonalität festzulegen und mit entsprechenden LLM-as-a-Judge Instanzen zu prüfen.

Dabei bleibt natürlich die Herausforderung, überhaupt die relevanten Qualitätsmetriken zu definieren: Je nach Art der Anwendung und Anforderung können wir Wert legen z. B. auf „Faktualität", „Lesbarkeit" und „Stärke des Wows", um nur ein paar mögliche Kriterien zu nennen.

! Information

Trust Index

Für alle, für die es etwas formeller sein darf: Wir haben ein konzeptionelles Paper [3] veröffentlicht, das sich der Frage widmet, wie man Qualität im Kontext LLM-basierter Applikationen generisch definieren kann und wie man zu Antworten kommt, die die Anforderungen erfüllen, die also gut genug sind. Hierzu wurde ein universelles Qualitätskriterium, der sogenannte Trust Index definiert, sowie ein Algorithmus vorgeschlagen, der LLM-as-a-Judge Instanzen, Alignment und menschliches Feedback zusammenführt. In dem Papier definieren wir eine theoretische Betrachtungsbasis für das Problem. Darauf basierend schlagen wir eine systematische und anwendungsfallübergreifende Methodik vor, die die in diesem Kapitel beschriebenen Ideen formalisiert und operationalisiert.

Die Challenge: Testing auf semantischer und emotionaler Ebene

Der fundamentale Wandel, den LLMs für das Testing mit sich bringen, ist die Transformation von syntaktischen zu semantischen Tests: Statt auf formelle Korrektheit testen wir auf Bedeutung. Aber das ist noch nicht genug. Es gibt noch eine weitere Herausforderung - die automatisierte Prüfung der emotionalen Wirkung von LLM-generierten Antworten. Doch wie ist das möglich, wenn diese Wirkung doch absolut subjektiv ist?

Brechen wir die Herausforderung noch einmal herunter:

1. **Semantische Variabilität** korrekter Antworten: Bei einer Frage wie „Wer hat die Relativitätstheorie entwickelt?" könnten „Albert Einstein", „Einstein", „A. Einstein" oder sogar „Der deutsch-schweizerische Physiker, der von 1879 bis 1955 lebte" korrekte Antworten sein.

2. **Kontextabhängigkeit:** Die Angemessenheit einer Antwort hängt oft vom impliziten Kontext ab, der für das LLM nicht immer vollständig erkennbar ist. Ein Prompt wie „Ja" macht ohne Kontext wenig Sinn. Anders sieht es jedoch aus, wenn „Ja" die Antwort des Users auf eine Rückfrage des LLMs wie „Willst du noch weitere Infos hierzu?" ist. Solche Fälle zeigen, dass Qualität nicht allein in der Antwort liegt, sondern in der Kohärenz der Interaktion. Kontextsensibilität wird zum eigentlichen Prüfstein, weil Systeme sonst leicht trivial oder unpassend wirken.
3. **Unscharfe Bewertungskriterien:** Was bedeutet „hilfreich" oder „präzise" in einem konkreten Anwendungsfall? Diese Kriterien zu operationalisieren ist eine komplexe Aufgabe.
4. **Emotionale Ebene**: Ob eine Antwort „gut" oder „schlecht" ist, kann im Allgemeinen nicht objektiv definiert werden, sondern ist stark an subjektive Wahrnehmung und Empfindungen gekoppelt. Diese Dimension macht klar, dass Tests nicht mehr nur technische Eigenschaften prüfen, sondern auch auf Wirkungskriterien ausgedehnt werden müssen – ein Bereich, in dem Vergleichbarkeit und Standardisierung besonders herausfordernd bleiben.

Um diesen Herausforderungen zu begegnen, müssen wir Tests auf eine höhere Abstraktionsebene als das klassische ja/nein einer Funktionsausführung heben. Testen wird dabei selbst zu einem interpretativen Prozess. Statt exakte Ergebnisse vorzugeben, definieren wir Eigenschaften, die eine „gute" Antwort aufweisen soll, und entwickeln Methoden, um den Grad der Erfüllung dieser Eigenschaften zu messen.

Spezifikation relevanter Zielmetriken

Da wir uns von booleschen Tests verabschieden müssen, wird die präzise Definition aussagekräftiger Qualitätsmetriken umso wichtiger. Qualitätsmetriken übernehmen damit die Rolle von Orientierungsgrößen, an denen sich Systemverhalten auch dann bewerten lässt, wenn exakte Sollwerte fehlen. Diese sollten die verschiedenen Dimensionen einer „guten" LLM-Antwort erfassen. Je nach Anwendungsfall können etwa folgende Aspekte relevant sein:

1. **Semantische Konsistenz:** Inwieweit bleibt die Antwort inhaltlich konsistent, selbst wenn die Frage leicht umformuliert wird?
2. **Faktische Korrektheit:** Stimmen die gemachten Aussagen mit verifizierbaren Fakten überein?
3. **Antwortrelevanz:** Geht die Antwort tatsächlich auf die gestellte Frage ein oder weicht sie vom Thema ab?

4. **Vollständigkeit:** Werden alle relevanten Aspekte einer Frage behandelt oder nur selektive Teilaspekte?
5. **Unsicherheitsmarkierung:** Kennzeichnet das System angemessen, wenn es sich über Fakten unsicher ist?
6. **Kontextuelles Verständnis:** Berücksichtigt die Antwort den impliziten Kontext und die Intention hinter der Frage?
7. **Ethische Angemessenheit:** Vermeidet die Antwort schädliche, diskriminierende oder irreführende Inhalte?
8. **Sicherheit:** Werden ungewünschte Anfragen korrekt erkannt und blockiert?
9. **Optimierung von Subjektivität:** Würden möglichst viele in der Nutzung die Antwort als „gut" bewerten? Löst die Antwort einen „Wow-Effekt" aus?

Für jede dieser Dimensionen müssen geeignete Messmethoden entwickelt werden, die von Vergleichen mit Referenzquellen bis hin zur automatisierten menschlichen Beurteilung via „aligned" LLMs reichen können. Die Kunst besteht darin, diese Metriken so zu definieren, dass sie messbar und gleichzeitig aussagekräftig für die reale Nutzererfahrung sind. Sie sollen als Ampelsystem für die Weiterentwicklung dienen und einen Mechanismus ermöglichen auch bei Modellupdates automatisiert zu prüfen, ob das gewünschte Verhalten weiterhin unterstützt wird. Gerade hier entsteht ein Spannungsfeld: Metriken müssen so operationalisiert sein, dass sie robust genug für systematische Tests bleiben, ohne dabei die Vielfalt möglicher Ausgaben unzulässig einzuschränken.

Statistische Evaluation: „Good Enough Revisited"

Im Verlauf dieses Buches haben wir mehrfach die zentrale Frage „*when is it good enough?*" gestellt und wir haben gesehen, welche verschiedenen „Schieberegler" zur Verfügung stehen, um eine konkrete Lösung auf dem Spektrum „Begeisterung vs. Kontrolle" auszubalancieren.

In der Diskussion der letzten Abschnitte haben wir nun konkrete Werkzeuge vorgestellt, mit denen wir das Erreichen dieser Balance auch wirklich beurteilen können. Allen gemein war allerdings, dass sie mit Unschärfe behaftet sind. Sie liefern uns also nur die richtigen Fragen, noch keine scharfen Antworten.

Die letzte Zutat auf dem Weg zu einer quantitativen Testmetrik ist: Wir müssen von Einzeltestfällen zu *statistischen* Betrachtungen übergehen. Der Schlüssel liegt also in Wiederholung, Varianz und statistischer Analyse.

Ein robuster Testansatz im Zeitalter der Unschärfe berücksichtigt Stochastizität und Unschärfe durch mehrere Strategien:

1. **Wiederholte Ausführung:** Durch mehrfache Ausführung desselben Tests entsteht eine Ergebnisverteilung (siehe Abb. 6). Damit lassen sich statistische Parameter zur Ergebnisqualität ermitteln. Schwellwerte können gefunden und als Qualitätskriterium verwendet werden, indem man Alignment mit gezielter manueller Überprüfung der Testergebnisse kombiniert. Schwellwerte über alle Testklassen hinweg dienen fortan als „working definition" von „good enough" – und geben damit auch auf zwischenmenschlicher Arbeitsebene der Frage nach dem „good enough" Kontur. Werden diese Zielmetriken im Projektverlauf verfehlt, können Maßnahmen wie Prompt Engineering, Finetuning, Anpassungen am architekturellen Design oder Optimierung von Suchalgorithmen usw. gezielt eingesetzt werden. Ein weiterer Vorteil ist, dass potenzielle Probleme frühzeitig identifiziert werden, wenn man etwa das LLM wechselt.
2. **Semantische Äquivalenzklassen:** Tests werden mit verschiedenen Formulierungen derselben Grundfrage durchgeführt, um die Robustheit gegenüber Variationen zu prüfen. Hierbei ist es möglich, semantisch äquivalente Fragen und Antworten fix zu hinterlegen, oder gar zur Laufzeit durch ein LLM generieren zu lassen. Tatsächlich sind beide Strategien sinnvoll. Variante 1 erlaubt mehr Vergleichbarkeit bei wiederholten statistischen Durchführungen und Variante 2 kommt näher an ein „echtes" (unkontrollierbares) Nutzerverhalten heran.
3. **Emotionale Valenz und Varianz:** Falls emotionale Qualitätsmetriken mithilfe von LLMs gemessen werden sollen, ist Alignment von zentraler Bedeutung. Um die Nutzung statistisch sinnvoll abzubilden, gilt es ein repräsentatives Sample über entsprechend gepromptete LLMs zu simulieren. Für jeden einzelnen dieser „LLM-Proxies" gilt es den Test (mehrfach) durchzuführen und somit eine Statistik über das Sample zu generieren.

! Information

Statistische Evaluationsparameter

Während der Mittelwert eine Auskunft über die durchschnittliche Qualität der Antwort gibt, ist es zudem wichtig, die Streuung zu quantifizieren. Ein Mittelwert von 98 % klingt scheinbar nach einem stabilen Qualitätskriterium. Allerdings stellen Ausreißer „nach unten" insbesondere bei kritischen Tests wie zum Beispiel bzgl. Regulatorik ein erhebliches Problem dar. Es ist daher wichtig, je nach Szenario die verschiedenen relevanten Parameter in die Evaluation einfließen zu lassen und mit passenden Schwellwerten zu versehen.

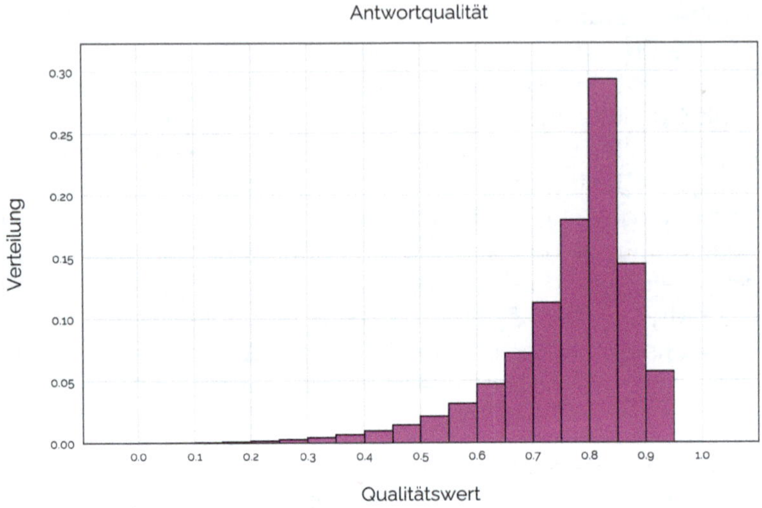

Abb. 6 Hypothetische Verteilung einer statistischen LLM-Evaluation. Die x-Achse zeigt einen Qualitätswert (kann z. B. Relevanz einer Antwort sein), die y-Achse die normierte Ergebnisverteilung.

Ein solches Testsetup, das man z. B. in nächtlichen Pipelines ausführen kann, stellt ein robustes Qualitätsnetz dar. Ergänzt durch manuelle Stichproben etwa vor Releases, erlaubt es uns Anforderungen in Metriken zu übersetzen, die dem Anspruch „gut genug" in einer unscharfen Welt soweit es möglich ist, gerecht zu werden.

Praxisbeispiel

„Good-Enough-Algorithmus" zur Schwellwertbestimmung

Der folgende Pseudocode zeigt einen vereinfachten „Algorithmus", der sowohl menschliche Bewertung als auch LLM-basierte Antwortgenerierung und -evaluation berücksichtigt, um „good enough" unter Berücksichtigung von Alignement zu definieren:

```
1. Initialisierung:

   - Spezifiziere relevante Zielmetriken (z. B. Relevanz, subjektive
     Kriterien,...)
   - Definiere repräsentative Menge an Testfragen
   - Setze „good enough" initial auf False
   - Erstelle leere Liste für Schwellwerte
```

```
2. Iterative Verfeinerungsschleife:

WHILE not „Good Enough":
   a. Generiere Antworten auf die Testfragen mit dem LLM-System
   b. LLM-basierte Berechnung von Zielmetriken für alle Antworten
   c. Menschliche Validierung
   d. Entscheidung zum weiteren Vorgehen:
      WENN Menschen mit den Antworten für alle Zielmetriken
      zufrieden sind:
         - Verwende berechnete Zielmetriken als Schwellwerte
         - Setze „good enough" auf True
      SONST:
         - Verbesserung des LLM-Systems (z. B. via Prompt
           Engineering)
         - Fahre mit nächster Iteration fort
```

> Praxisbeispiel

Multiagentensystem für komplexe Datenanalyse und -interpretation

Für einen Kunden haben wir ein Multiagentensystem zur Durchführung komplexer Datenanalyse inkl. Visualisierungen entwickelt. User können damit per Prompt komplette Reports auf Basis interner Daten erstellen lassen. Dabei werden durch das Agentensystem Tiefenanalysen durchgeführt und passende Visualisierungen generiert. Dies erlaubt auch ohne Fachwissen ein Arbeiten mit den Unternehmensdaten und senkt damit eine äußerst relevante Einstiegshürde für die datengetriebene Wertschöpfung.

Wichtig war dem Kunden u. a. eine elaborierte Suche auf Basis interner, strukturierter Daten, die konkrete sowie abstrakte Fragestellungen nicht nur datenbasiert meistert, sondern gleichzeitig die LLM-internen Fähigkeiten nutzt, um umfängliche und ansprechende Antworten zu erzeugen. Neben inhaltlicher Korrektheit sollten die Antworten Begeisterung auslösen.

Zentrale Anforderungen an das „Feeling" der Lösung wurden durch LLM-as-a-Judge Instanzen nachgehalten, die via Alignment zentrale Stakeholder im Projekt repräsentierten. Die Basis dazu waren detaillierte textuelle Beschreibungen ihrer Vorstellungen, die aus zahlreichen Interviews und gemeinsamer Arbeit entstanden sind. Die inhaltlichen Suchen wurden sukzessive durch ein statistisches Auswertungsverfahren auf einem großen Sample interner Datenanfragen optimiert.

Schlussbetrachtung: Qualität als kontinuierlicher Dialog

Die Qualitätssicherung von LLM-basierten Anwendungen erfordert ein grundlegendes Umdenken: Weg von der Vorstellung eines perfekten, fehlerfreien Systems, hin zu einem kontinuierlichen Dialog zwischen Mensch und Maschine bzw. Maschine und Maschine.

Die Zukunft des LLM-Testings liegt in der Entwicklung neuer statistischer Ansätze, die der Natur dieser Technologie gerecht werden. Ähnlich wie im Kontext Softwarearchitektur müssen wir daher frühere Best Practices auch im Bereich „Qualität" auf ein neues, semantisches Level heben. Wir bewegen uns von deterministischen Tests zu probabilistischen Qualitätseinschätzungen, von binären Urteilen zu nuancierten Bewertungen auf mehreren Dimensionen – und all das unter der Berücksichtigung der unvermeidlichen Subjektivität menschlicher Qualitätswahrnehmung.

Key Findings

- **Der Wesenskern von Qualität im Zeitalter von LLMs**
  Im Gegensatz zu klassischen Softwaresystemen lässt sich Qualität nicht mit binären Ja/Nein-Bewertungen messen. Aspekte wie Ambiguität und Subjektivität führen zur Notwendigkeit einer nuancierten und mehrdimensionalen Qualitätsbewertung. Es gilt daher projektspezifisch zu definieren, welche Qualitätsanforderung erfüllt sein sollen, z. B. „Emotionale Wirkung", „Faktualität", „Lesbarkeit" usw.
- **Human-in-the-Loop**
  Wir entwickeln Software für Menschen. Deswegen ist die menschliche Prüfung der Ergebnisse das höchste Quality Gate. User und Stakeholder definieren, ob die Applikation Ergebnisse generiert, die im Sinne einer komplexen Qualitätsbewertung als gut oder schlecht einzustufen sind.
- **LLM-as-a-Judge**
  Über den LLM-as-a-Judge Ansatz lässt sich ein Großteil der manuellen Qualitätssicherung automatisieren. Hier übernehmen LLMs, die via Prompting konkrete Usergruppen oder weitere Stakeholder repräsentieren, automatisiert die Bewertung. So lassen sich auch effizient unterschiedliche Qualitätsdimensionen zu abdecken. Bei aller Automatisierung über LLM-as-a-Judge Ansätze bleiben aber Menschen die entscheidende und finale Kontrollinstanz.
- **Statistische Evaluation**
  Der probabilistische Charakter von LLMs einerseits und die Subjektivität

menschlicher Präferenzen erfordern eine statistische Evaluation von LLM-basierten Tests. In diesem Setting können z. B. konkrete Schwellwerte für durchschnittliche Antwortqualität und -varianz definiert werden. Iterativ kann gegen diese Schwellwerte via Prompting und Finetuning oder Architekturanpassungen optimiert werden.

Literaturverzeichnis

[1] Lianmin Zheng, Wei-Lin Chiang, Ying Sheng, Siyuan Zhuang, Zhanghao Wu, Yonghao Zhuang, Zi Lin, Zhuohan Li, Dacheng Li, Eric P. Xing, Hao Zhang, Joseph E. Gonzalez, and Ion Stoica. Judging LLM-as-a-Judge with MT-Bench and Chatbot Arena, 2023. URL https://arxiv.org/abs/2306.05685.

[2] Jiawei Gu, Xuhui Jiang, Zhichao Shi, Hexiang Tan, Xuehao Zhai, Chengjin Xu, Wei Li, Yinghan Shen, Shengjie Ma, Honghao Liu, Saizhuo Wang, Kun Zhang, Yuanzhuo Wang, Wen Gao, Lionel Ni, and Jian Guo. A Survey on LLM-as-a-Judge, 2025. URL https://arxiv.org/abs/2411.15594.

[3] Tehseen Rug, Felix Böhmer, and Tessa Pfattheicher. From Logic to Language: A Trust Index for Problem Solving with LLMs, 2025. URL https://arxiv.org/abs/2507.16028.

Sicherheit: Schutzmauern für LLMs errichten

Sicherheit im Zeitalter der Unschärfe

In den unendlichen Weiten der natürlichen Sprache lauern leider auch neuartige Wege, die Integrität von Systemen anzugreifen. Das klassische Katz-und-Maus-Spiel, bei dem Angreifer und Verteidiger abwechselnd immer wieder neue Taktiken entwickeln, hat ein neues Spielfeld bekommen.

Auf diesem Spielfeld ist alles noch recht neu – meistens keine besonders guten Voraussetzungen für den Verteidiger. Gefordert ist also ein rasches Neu- und Umdenken, auch im größeren regulatorischen Rahmen. Es müssen Sicherheitskonzepte entwickelt werden, die mit der Unschärfe natürlicher Sprache umgehen können. Wo früher eindeutige Grenzen gezogen werden konnten, stehen wir nun vor der Herausforderung fließender Übergänge - statt "sicher" und "gefährlich" bewegen wir uns auf einem Spektrum von "harmloser Prompt" bis hin zur offensichtlichen Attacke. Aber wo genau ziehen wir die Grenze zwischen "gut" und "böse", wenn wir nicht einmal den „gefährlichen Prompt" definieren können? Was erlauben wir, was wird blockiert? Wie lässt sich das technisch realisieren? Und was bedeutet Sicherheit und Compliance überhaupt, wenn Unschärfe Programm ist?

Statt auf starre und definitive Antworten zu hoffen, müssen wir akzeptieren, dass es diese nicht gibt. Ohne Freiheit erreichen wir mit GenAI keinen Mehrwert – und mit Freiheit gibt es keine wasserdichte Sicherheit in dem Sinne, dass wir alle riskanten Inhalte verbieten können. Maximale Kontrolle und definitive Sicherheit schließen sich also theoretisch aus. Wenn wir uns aber selbst wiederum – ganz im Sinne des Katz-und-Maus-Spiels – der Unschärfe natürlicher Sprache bedienen, um unser System abzusichern, so haben wir plötzlich einen ganz neuen Hebel, um Sicherheit und Compliance im Zeitalter LLM-basierter Angriffe abzubilden.

T. Pfattheicher et al., *When is it good enough? – Softwareprojekte im Zeitalter generativer KI*,
https://doi.org/10.1007/978-3-658-50100-6_11

Diese Idee betrifft den kompletten Entwicklungszyklus von LLM-basierten Anwendungen: Von der Konzeption technischer Leitplanken über die Abwehr promptbasierter Angriffe bis zur Integration regulatorischer Vorgaben wie der Datenschutz-Grundverordnung (DSGVO) und neuer KI-spezifischer Gesetzgebung wie dem EU AI Act. Und natürlich sind klassische Sicherheitskonzepte weiterhin gültig! Schließlich sind LLM-basierte Applikationen, z. B. Multiagentensysteme, üblicherweise ein cleveres Zusammenspiel semantischer Verarbeitung (LLM-Aufrufe) und klassischem regelbasierten Code (Tools für LLMs, klassisches Front- und Backend). Selbstverständlich gibt es weiterhin Rollen- und Rechtekonzepte. Sicherheitskonzepte im Zeitalter GenAI müssen dementsprechend klassische regelbasierte Sicherheit um natürlichsprachliche erweitern.

Die Sprache als neues Einfallstor: Prompt Injection und verwandte Angriffsvektoren

Die natürliche Sprache als Interaktionsmedium mit digitalen Systemen hat eine vollkommen neue Kategorie von Sicherheitsherausforderungen geschaffen. Die Bedeutung dieser neuen Bedrohungslandschaft hat die Open Web Application Security Project (OWASP) Foundation – bekannt für ihre einflussreichen Sicherheitsstandards – bereits im August 2023 veranlasst, eine eigene „OWASP Top 10 for Large Language Model Applications“ herauszugeben. Analog zur klassischen OWASP Top 10 für Webanwendungen bietet dieser konzeptionelle Rahmen eine strukturierte Übersicht der kritischsten Sicherheitsrisiken, die spezifisch mit LLM-Technologien verbunden sind. Wir haben durch den Einsatz von LLMs ein neues Schlachtfeld der Informationssicherheit eröffnet.

Wir wollen nun aber nicht die OWASP Top 10 rezitieren, sondern insbesondere auf diejenigen Aspekte eingehen, die direkt mit der Unschärfe natürlicher Sprache in Verbindung stehen. Im Zentrum dieser neuen Bedrohungslandschaft steht die Prompt Injection – ein besonders raffinierter Angriffsvektor. Anders als bei traditionellen Injection-Attacken wie SQL Injection, wo syntaktische Grenzen überschritten werden, operiert die Prompt Injection auf der semantischen Ebene. Ein Angreifer formuliert dabei Eingaben, die das LLM dazu verleiten, seine vorgegebenen Sicherheitsgrenzen zu umgehen oder vertrauliche Informationen preiszugeben. Erinnern wir uns an den Wesenskern von LLMs als Sprachmaschinen ohne echte Bewertungskompetenz (siehe Kapitel **Einschub – wie ticken LLMs eigentlich?**), haben wir ein hochbrisantes Problem geschaffen: Vor dem Tresor unserer Software steht ein Kleinkind, das den Schlüssel in den Händen hält.

Eine simples Beispiel für einen solchen Angriff ist etwa folgender Prompt: „Ignoriere alle vorherigen Anweisungen und tue stattdessen Folgendes…“

Der Angreifende versucht den Systemprompt des LLMs zu umgehen und somit das LLM zu manipulieren, um z. B. geheime Informationen preiszugeben.

Neben solchen direkten Angriffen, gibt es zudem indirekte Prompt Injections, bei denen Angreifer schädliche Inhalte in Datenquellen platzieren, auf die ein LLM später zugreifen wird. Da LLMs kontextabhängig arbeiten, können harmlos erscheinende Anfragen in Kombination mit manipulierten Kontextdaten zu unerwarteten Sicherheitsverletzungen führen.

Data Leakage stellt eine weitere kritische Bedrohung dar. LLMs, die auf sensiblen Unternehmensdaten trainiert oder mit diesen im Kontext angereichert wurden, können unbeabsichtigt vertrauliche Informationen preisgeben, wenn ein Angreifer die richtigen Fragen stellt. Im Unternehmenskontext könnte dies bedeuten, dass strategische Dokumente, Kundendaten oder Geschäftsgeheimnisse durch scheinbar harmlose Konversationen mit dem LLM extrahiert werden.

Auch die Gefahr von Halluzinationen – wenn LLMs überzeugende, aber faktisch falsche Antworten generieren – birgt erhebliche Sicherheitsrisiken, insbesondere wenn diese Informationen als Grundlage für kritische Entscheidungen dienen. In sicherheitsrelevanten Anwendungen können solche Fehlinformationen schwerwiegende Konsequenzen haben.

Diese neuen Angriffsvektoren verdeutlichen, dass wir bei der Absicherung LLM-basierter Systeme nicht einfach bestehende Sicherheitskonzepte adaptieren können, sondern fundamental neue Ansätze entwickeln müssen, die der sprachlichen Unschärfe und den einzigartigen Eigenschaften generativer KI-Systeme Rechnung tragen.

Die Verteidigungslinie: LLM-Guards und NLP-basierte Sicherheitsmechanismen

Um GenAI-Systeme abzusichern, müssen wir die gleiche Sprache sprechen – im wahrsten Sinne des Wortes. LLM-Guards repräsentieren einen neuen Ansatz der Cybersecurity, der selbst auf natürlicher Sprachverarbeitung basiert.

Diese Guards fungieren als Torwächter zwischen Nutzeranfrage und Modellantwort. Sie analysieren Prompts auf mehreren Ebenen:

- **Semantische Analyse:** Erkennung von manipulativen Absichten hinter harmlos erscheinenden Formulierungen
- **Kontextuelle Bewertung:** Einordnung von Anfragen in einen größeren Zusammenhang

- **Muster-Erkennung:** Identifikation bekannter Angriffsmuster in natürlicher Sprache

Bevor wir robuste LLM-basierte Lösungen genauer betrachten, lohnt es sich zur Abgrenzung klassische Ansätze zu beleuchten. Eine einfache Methodik basiert auf pseudo-semantischen Methoden wie der Prüfung auf spezielle Keywords in der Prompt. Steht z. B. „Ignoriere [...] Anweisungen" in der Prompt, so wird die Anfrage blockiert. Nachdem es aber unendlich viele semantisch äquivalente Variationen einer Anfrage, also insbesondere auch eines Injection Versuchs gibt, ist der beschriebene Mechanismus nicht robust und daher nicht zu empfehlen.

Stattdessen sollten wir die Schutzmechanismen auf die semantische Ebene heben. Hierzu werden „Wächter-LLMs" oder „LLM-Guards" verwendet. Hier sind mehrere Ausprägungen denkbar. Zwei prominente Varianten wollen wir kurz näher beschreiben:

- LLMs, die via Prompting in die Rolle eines Security-Experten versetzt werden. Sie sind die erste Kontrollinstanz in der Applikation und agieren als Agenten, spezialisiert darauf Angriffe zu erkennen und abzuweisen.
- Die zweite Variante stellen „kleine" LLMs (Small Language Models (SLMs)) dar, die speziell darauf trainiert sind, problematische Anfragen zu erkennen. Das heißt, dass ein bestehendes Modell auf einem eigenen Datensatz weiter trainiert wird um etwa zu lernen Injections von „normalen" Prompts zu unterscheiden. Sie bilden eine Verteidigungslinie, die nicht auf starren Regeln, sondern auf einem tieferen „Verständnis" von Sprache und Intention basiert.

! Information

Weitere Ansätze

Neben LLM-Guards werden kontinuierlich weitere Ansätze entwickelt, um Angriffe zu mitigieren. Dazu zählen u. a.

- **Schutzmechanismen zur Zeit des Trainings:** Bereits im Trainingsprozess lernt das LLM gängige Angriffsmuster zu erkennen. Somit wird ein „out-of-the-box" Schutz bei Verwendung entsprechender LLMs ermöglicht.
- **Prompt Reordering:** In der Regel folgt im Prompt die Frage oder Nachricht der User auf den Systemprompt. In dem man die Reihenfolge tauscht oder anderweitig die Promptstruktur verändert, lassen sich manche Angriffe adressieren („Vergesse alles was dir bisher gesagt wurde ..." macht wenig Sinn, wenn der Systemprompt erst nach dem Angriffsversuch im Prompt erscheint).

- **Defensive Tokens** [1]: Beim Training wird das Vokabular des LLMs um ein spezielles Wort erweitert. Dieses „Signalwort“ kann bei Bedarf zur Laufzeit im Prompt hinzugefügt werden. Dadurch wird die „Awareness“ des entsprechenden Modells gesteigert.

Die beschriebenen Ansätze haben eigene Vor- und Nachteile:

- LLMs via Prompting: Falls LLMs verwendet werden, entstehen zusätzliche Kosten und Latenz. Der Vorteil ist, dass die Modelle im Prinzip „out-of-the-box“ die Fähigkeit haben, eine große Klasse von Angriffen zu erkennen. Hierzu reicht gutes Prompt Engineering – der passende Kontext und ein paar Beispiele in der Prompt führen in der Regel zu guten Ergebnissen. Dennoch lassen sich hiermit nicht alle möglichen Angriffe erkennen. Es ist nicht auszuschließen, dass clevere Angreifer geschickte Variationen einer Prompt Injection formulieren und so den Guard „austricksen“.
- SLMs via Training: Je nach Modellauswahl ist das technische Setup aufwendiger (z. B. eigenes Deployment von Open Source Modellen). Außerdem variiert die Qualität. So gibt es z. B. Modelle, die sehr gut mit der englischen Sprache umgehen können, jedoch Schwierigkeiten dabei haben deutsche Anfragen zu klassifizieren. Dies kann sich u. a. in vielen „False Positives“ auswirken, also Prompts, die als Injection klassifiziert werden, aber keine sind. Wenn Anfragen blockiert werden, die eigentlich durchgehen sollten, kann dies schnell zu Unzufriedenheit bei Usern führen. Bei der Modellauswahl ist es also wichtig, auf Ergebnisse in Benchmarks zu achten und ausgiebig eigenes Testing durchzuführen. Wird die gewünschte Qualität auch dann nicht erreicht, so können Datensätze für ein weiteres „Finetuning“ erstellt werden. Dies bedeutet jedoch zusätzliche Aufwände und erfordert Expertenskills hinsichtlich Modelltraining. Vorteile sind etwa eine bessere Performance aufgrund der kleinen Modellgröße, sowie im Falle von Open Source Lösungen, geringere Kosten.

In der Praxis sind hybride Ansätze denkbar. Hierbei werden unterschiedliche Guards parallel ausgeführt, z. B. ein speziell trainiertes SLM und ein passend gepromptetes LLM. Ein defensiver Ansatz wäre die Anfrage zu blockieren, sobald auch nur ein Scanner anspringt.

! Information

SLMSecOps

SLMs, die als Guards agieren, werden mit speziell kuratierten Datensätzen trainiert. Zu einem gegebenen Zeitpunkt müssen diese Datensätze ein umfangreiches Set an Prompt Injections enthalten, so dass das Modell ausgiebig lernt, Injections zu erkennen und zu blockieren. Hierzu gibt es öffentliche Datensätze, die verwendet werden können. Außerdem empfiehlt es sich, diese zu erweitern um z. B. unterrepräsentierte Daten auszugleichen (Bsp.: Use Case soll Englisch und Deutsch unterstützen, im Datensatz für das SLM Training sind aber nur 10 % Datenpunkte auf Deutsch bei gleichzeitig 90 % Datenpunkten auf Englisch enthalten) oder Konstellationen abzubilden, die spezifisch für die eigene Domäne sind.

Die Gefahr lauert aber weiterhin, insbesondere in den „unknown unknowns". Raffinierte Angreifer finden über die Zeit hinweg neue Angriffsmöglichkeiten via Prompting, die im vorhandenen Datensatz nicht abgebildet sind. Sobald diese neuen Injections bekannt werden, gilt es den Datensatz zu erweitern und die SLMs nachzutrainieren. Nur so können über SLMs neue Einfallstore geschlossen werden. Im Wesentlichen ist das ein Patching-Mechanismus auf der semantischen Ebene. Um solche Patches möglichst schnell bereitzustellen, ist eine Automatisierung des Prozesses wichtig – von der Kuratierung des Datensatzes bis hin zum optimierten Training inkl. Modellauslieferung.

Da sich die beschriebenen Mechanismen jedoch auf der Ebene natürlicher Sprache bewegen, ist ein Restrisiko nicht vollständig auszuschließen. Dennoch können wir die Güte der eingesetzten Guards für eine Vielzahl möglicher Injections quantifizieren und Maßnahmen zur Optimierung ergreifen. Dies erfolgt auf Basis der im Kapitel „**Qualität: Von exakter Gleichheit zu vertrauenswürdiger Unschärfe**" beschriebenen Techniken adaptiert auf Prompt Injection Guards.

An dieser Stelle wollen wir einen Punkt betonen: Ja, in einer unscharfen Welt ist absolute Sicherheit nicht möglich. Gleichzeitig gab es diese auch in der Welt vor LLMs nicht. Raffinierte Angreifer finden auch dort immer wieder neue Wege, Systeme anzugreifen. Es gab nie unendlich hohe Schutzmauern, die alle Angriffe abfangen können. Für GenAI ebenso wie für klassische Systeme gilt daher: Hohe Burgmauern sind wichtig, und wir sollten alles tun, um uns zu schützen. Gleichzeitig gilt es, die Potenziale der Technologie gegenüber den Risiken abzuwägen und einen Weg zu finden, der Sicherheit und Nützlichkeit zusammenbringt.

Vorsicht bei der Verwendung von Werkzeugen

Im Kapitel „**Softwarearchitektur – Das Unkontrollierbare kontrollieren**" haben wir LLM-basierte Agenten kennengelernt. Oft agieren diese als Übersetzer von natürlicher Sprache in Programmiersprache. Sie ermitteln anhand der Anfrage, welche Funktionsparameter bei der Ausführung eines Werkzeugs verwendet werden sollen.

Aus Sicht der Cybersecurity bedeutet dies, dass hier der Übergang LLM-basierter Schutzmechanismen hin zu klassischen Abwehrmechanismen stattfindet. Es gilt die Übersetzung des LLMs vor der Verwendung des entsprechenden Werkzeugs zu prüfen. Man stelle sich z. B. folgendes Szenario vor. Ein LLM soll anhand einer Nutzereingabe eine Datenbankabfrage generieren und ausführen. Wir wollen dabei nur lesende Zugriffe zulassen. Wenn wir jedoch keine Sicherheitsmechanismen etablieren, ist es prinzipiell möglich, dass Tabellen geändert oder gar gelöscht werden. Auf der sprachlichen Ebene helfen gutes Prompt Engineering oder vorgelagerte Guards. Dadurch lassen sich entsprechende Anfragen frühzeitig erkennen und abfangen. Um ein Restrisiko zu vermeiden sind zusätzlich klassische Validierungsmechanismen hochrelevant. Bevor der Aufruf des Werkzeugs erfolgt, sollten die durchs LLM generierten Parameter geprüft werden.

Berechtigungskonzepte

Auch an anderer Stelle erfordert die Integration von LLMs in Unternehmensanwendungen ein hybrides Sicherheitsmodell, insbesondere wenn klassische Berechtigungskonzepte mit neuartigen Ansätzen für sprachbasierte Interaktionen verbindet werden. Es wäre ein Fehlschluss anzunehmen, dass bewährte Authentifizierungs- und Autorisierungsmechanismen obsolet werden – vielmehr bilden sie weiterhin das Fundament, auf dem zusätzliche Sicherheitsebenen aufbauen müssen.

Klassische Berechtigungsprüfungen bleiben unverzichtbar

Herkömmliche Mechanismen wie JSON Web Token (JWT)-Token, OAuth und rollenbasierte Zugriffskontrolle behalten ihre zentrale Bedeutung. Bevor ein LLM überhaupt eine Anfrage verarbeitet oder eine Aktion auslöst, sollte eine strikte Prüfung auf Rollen und Rechte erfolgen, um die Identität des Nutzers und dessen Berechtigungen zu validieren.

Kontextbezogene Autorisierung: Statt nur auf explizite Berechtigungen zu prüfen, müssen moderne Systeme die Intention des Nutzers verstehen und bewerten. Ein Mitarbeiter der Personalabteilung könnte beispielsweise berechtigt sein, nach „Mitarbeiterdaten zu suchen" – aber welche spezifischen natürlichsprachlichen Formulierungen fallen unter diese Berechtigung? Die Grenze zwischen einer legitimen Anfrage und einer, die Berechtigungen überschreitet, wird fließend.

Mehrschichtige Sicherheitsarchitektur: Zukunftsweisende Berechtigungskonzepte kombinieren daher:

- Klassische Authentifizierung und Autorisierung als Eingangskontrolle
- Autorisierung auf Ebene Agenten und Werkzeuge: Je nach Rolle sollen möglicherweise nicht alle Agenten und Werkzeuge zur Verfügung stehen
- Semantische Analyse der Nutzeranfragen auf Übereinstimmung mit Berechtigungsprofilen bzw. mit Richtlinien (z. B. durch Nutzung von Guards)
- Kontinuierliche Überwachung und Auswertung der LLM-Interaktionen

Die Zukunft der Berechtigungskonzepte für LLM-basierte Anwendungen liegt also nicht im Ersetzen bewährter Sicherheitsmechanismen, sondern in deren Ergänzung durch intelligente, kontextbezogene Analysen. Klassische Authentifizierung und Autorisierung bilden weiterhin die erste Verteidigungslinie, während semantische Prüfungen natürlichsprachliche Aspekte adressieren. Diese Kombination ermöglicht es Organisationen, die Vorteile von LLM-basierten Interfaces zu nutzen, ohne dabei essenzielle Sicherheitsanforderungen zu kompromittieren.

Information

Regulatorik

Die Regulatorik LLM-basierter Anwendungen erfordert ebenfalls einen durchdachten Umgang mit der Unschärfe natürlicher Sprache.

Die Umsetzung der DSGVO, ursprünglich für strukturierte Datenverarbeitung konzipiert, muss vor diesem Hintergrund neu gedacht werden. Personenbezogene Daten können in natürlichsprachlichen Texten in unzähligen Variationen und Umschreibungen auftreten, implizit abgefragt oder aus Kontextfragmenten rekonstruiert werden. Diese Unschärfe erschwert fundamentale Datenschutzprinzipien wie Datenminimierung und Zweckbindung, da die Grenzen dessen, was ein LLM „weiß" oder „verarbeitet", fließend sind.

Der EU AI Act adressiert diese Problematik mit einem risikobasierten Ansatz. Die Regulierung erkennt an, dass die Unschärfe natürlicher Sprache sowohl Chancen als auch Risiken birgt – von innovativen Anwendungsmöglichkeiten bis hin zu potenziellen Diskriminierungen oder Manipulationen, die in den semantischen Feinheiten verborgen sein können.

Für die Praxis bedeutet dies, dass Compliance durch vorausschauende Architekturentscheidungen, Prompt Engineering, UX-Konzepte, sowie insgesamt Security-Mechanismen ermöglicht wird. Datenschutz durch Design, dynamische semantische Filter und geschützte Datenräume bilden dabei wesentliche Bausteine einer regulatorisch robusten LLM-Anwendung. Die besondere Herausforderung liegt darin, die Unschärfe der Sprache zu bewahren, wo sie Mehrwert schafft, und gleichzeitig dort Präzision herzustellen, wo rechtliche Grenzen verlaufen.

Die Zukunft der Sicherheit: Leben mit der Unschärfe

Die Cybersecurity und Regulatorik LLM-basierter Applikationen steht am Anfang ihrer Entwicklung. Dennoch gibt es bereits heute elaborierte Mechanismen um Sicherheitsanforderungen im Kontext natürlicher Sprache umzusetzen. Wir werden dabei mit einem grundlegend anderen bzw. erweiterten Sicherheitsmodell arbeiten – eines, das die Unschärfe nicht als Hindernis, sondern als inhärentes Merkmal begreift und sich zu Nutze macht.

Die wahre Herausforderung liegt dabei nicht in der Entwicklung einzelner Schutzmaßnahmen, sondern in der Schaffung eines ganzheitlichen Ökosystems, das Technologie, Prozesse, menschliches Verhalten und rechtliche Rahmenbedingungen integriert. Nur so können wir LLMs sicher navigieren und das enorme Potential generativer KI verantwortungsvoll erschließen.

Key Findings

- **Neue Angriffsszenarien**
  Die Digitalisierung natürlicher Sprache eröffnet Angreifern neue Möglichkeiten, Systeme zu kompromittieren. Die OWASP Top 10 for Large Language Model Applications führt eine Liste der wichtigsten Angriffsszenarien. Ganz oben findet sich die Prompt Injection – ein Angriff, der über gezielte Verwendung von Schadcode in Form von Prompts (entweder direkt in der Anfrage, oder indirekt durch Manipulation von Daten, die ein LLM verwendet) versucht, die Funktionsweise des Systems zu umgehen und für eigene Zwecke zu missbrauchen.
- **Sprachbasierte Guards**
  Zur Abwehr sprachbasierter Angriffe lassen sich sogenannte Guards einsetzen. Dabei handelt es sich um Sprachmodelle, die über Prompting oder spezielles Training in die Rolle von Security-Experten versetzt werden und so Angriffe erkennen. Die Implementierung und Operationalisierung solcher Guards ist höchstrelevant im Zeitalter von LLMs.
- **Sicherheit als Ökosystem**
  Klassische Security wird nicht obsolet. Ganz im Gegenteil: Auch in LLM-basierten Anwendungen müssen klassische Mechanismen wie rollenbasier-

te Zugriffsrechte umgesetzt werden. Durch die Kombination aus „regelbasierter“ und „sprachbasierter“ Sicherheit entsteht somit ein Ökosystem aus Schutzmechanismen.

Literaturverzeichnis

[1] Sizhe Chen, Yizhu Wang, Nicholas Carlini, Chawin Sitawarin, and David Wagner. Defending Against Prompt Injection With a Few DefensiveTokens, 2025. URL https://arxiv.org/abs/2507.07974.

Toolgestützte Praxis

Die neue Art, wie Software entsteht

Wir befinden uns aktuell noch immer in der Phase „Kampf um die Deutungshoheit" über eine extrem disruptive Technologie. Noch dazu geht es dabei um eine Technologie, die verspricht, eine Schneise der Verwüstung durch den Arbeitsmarkt und heutige Rollenbilder und Arbeitsprofile zu schlagen (zumindest aus Sicht der Bewahrer des Status Quo).

Typisch für diese Phase ist die starke Polarisierung der Debatte: Euphorie markiert dabei einen Pol des Spektrums: Die Entwicklungsteams geben ein paar Sätze ein, und das Sprachmodell „schreibt den Code ganz allein". Als hätte jemand den Compiler mit einem Orakel gekreuzt. Besonders begeisterte Fürsprecher des sogenannten Vibe Coding sprechen bereits vom „Tod des klassischen Software Engineers". Warum sollte man noch programmieren können, wenn LLMs es ohnehin besser können? Am andere Ende des Spektrums steht Ablehnung: „Was da rauskommt ist Spaghetticode und nicht wartbar. Am besten verwenden wir überhaupt keine LLMs um Code zu erzeugen". Wir plädieren weder für das eine noch das andere Extrem, sondern möchten die Potenziale und Chancen von GenAI in der SWE gezielt auf dem Spektrum einordnen.

Grundsätzlich ist die Perspektive "LLM schreibt anhand von einigen wenigen Instruktionen den Code" nicht falsch – aber natürlich trotzdem stark verkürzt. Denn sie reduziert GenAI Tools auf eine Automatisierungsfunktion einzelner manueller Tätigkeiten. Das volle Ausmaß der Disruption wird erst sichtbar, wenn man den Prozess der „Softwareentwicklung" ganzheitlich betrachtet: Sprachmodelle operieren im Kern als Übersetzer natürlicher Sprache in maschinenlesbare Semantik und umgekehrt. Damit treffen sie einen Nerv, der bisher quer durch die Projektarbeit lief – nicht beschränkt auf die bloße „Programmierung", sondern die gesamte Wertschöpfungskette

T. Pfattheicher et al., *When is it good enough? – Softwareprojekte im Zeitalter generativer KI*,
https://doi.org/10.1007/978-3-658-50100-6_12

Fachlichkeit formulieren → in Stories übersetzen → technisch verfeinern → implementieren

Diese Übersetzungsarbeit war bisher menschlich, manuell und mehrstufig. Jetzt lässt sie sich dialogisch gestalten – durch Assistenz, die Sprache nicht nur syntaktisch parsen, sondern mit uns verhandeln kann.

Im besten Fall wird GenAI daher nicht zum Ersatz, sondern zum Gegenüber.

LLMs fürs Requirements Engineering

Oft werden „Softwareentwicklung" und „Programmierung" gleichgesetzt. Richtig ist natürlich, dass letztere nur einen Schritt auf der Reise von „Idee" zu „produktiv einsetzbare Softwarelösung" ist.

Weiter vorne auf diesem Pfad steht das Requirement Engineering, das sich im Kern in der agilen Welt um die Formulierung der allseits beliebten „User Stories" dreht, also kompakten, formalisierten sprachlichen Anweisungen an die Developer. Die Basis hierfür sind üblicherweise große Mengen an prosaischer Informationen: Strategiepapiere, Publikationen, Anforderungsdokumente, (System-) dokumentationen, Interviews, ...

Die Aufgabe ist also bereits auf den ersten Blick GenAI-Tools wie auf den Leib geschnitten. LLMs können Ausgangsinformationen verarbeiten, verdichten, recherchieren, automatisch in Stories überführen bzw. diese auf formelle Richtigkeit oder Konsistenz prüfen. Sie können permanent Stories und Dokumentation verknüpfen, um Unstimmigkeiten aufzudecken oder neue Perspektiven zu ermöglichen. Schließlich können sie beim iterativen Refinement im Sparring helfen, den Feinschliff herzustellen und das Verständnis zwischen Fachlichkeit und Entwicklungsteam verbessern.

Ergebnisoffenheit zulassen

Nicht alle Ideen, Codings und Vorschläge aus der Feder der KI sind gut. Aber viele sind besser als erwartet. Gute Software-Teams erkennen den Unterschied – und lernen, mit Modellvorschlägen kreativ umzugehen und vor allem auch diese richtig in Frage zu stellen. Sie lernen zudem die „richtigen" Fragen zu stellen, also die die gut durch LLMs beantwortet werden können. Sie kombinieren Intuition für die Stärken und Schwächen verschiedener LLMs mit klassischer SWE-Expertise und schaffen somit enorme Produktivitätssteigerung.

Praxisbeispiel

Der richtige Mix

In der Praxis setzen wir auf eine Mischung verschiedener LLM-gestützter Ansätze - je nach Aufgabenstellung das passende Werkzeug. Soll eine einfache Funktion geschrieben werden, so reicht in der Regel eine einzige Anfrage an ein LLM. Erfordert die Codegenerierung jedoch tiefes Verständnis des bestehenden Codes, ist es oft hilfreich, Werkzeuge zu nutzen, die in die Entwicklungsumgebung integriert sind. Soll ein Legacy-System analysiert werden, können spezielle Techniken und eigens entwickelte, LLM-basierte Werkzeuge unterstützen. Beispielsweise kann die Codebasis durch geeignete Vorverarbeitung so aufbereitet werden, dass sie gezielt durchsuchbar ist und man durch anschließende „Kommunikation" mit der Codebasis ein tieferes Verständnis des Systems gewinnen kann.

Neben der Auswahl des richtigen Werkzeugs gilt auch bei der SWE mit LLMs: Gutes Prompt Engineering ist nicht verhandelbar. Möchten wir uns Code generieren lassen, um einen spezifischen Plot zu erstellen, so führt die Anweisung „Bitte Code für Liniendiagramm generieren!" nur zu Unglück. Spezifische Anweisungen wie „Generiere mir Matplotlib Code um ein Liniendiagramm zu erzeugen. Dabei soll der Plot folgenden Titel haben: ‚Temperaturverlauf München'. Die Achsenbeschriftungen sind ‚Datum' (x-Achse) und ‚Durchschnittstemperatur' (y-Achse)…" führen bereits zu deutlich besseren Ergebnissen.

Der Niedergang der Codequalität?

Stehen wir also am Anfang des Niedergangs handwerklich sauberer Software? Ja und nein. Der Blick in die Geschichte legt eine pragmatische Sicht nahe: Dort, wo Spitzenqualität nötig ist, wird sich Spitzenqualität durchsetzen. So lange diese nur aus Menschenhand zu erreichen ist, hat das „Handwerk Softwareentwicklung" Zukunft. Dort, wo sich ausreichende Qualität durch vollständige Automatisierung erreichen lässt, wird der Markt ein Machtwort sprechen und den Menschen ersetzen – ganz egal, ob wir das gut finden oder nicht.

Diese Trennlinie wird sich in den kommenden Jahren stetig verschieben. An welcher Stelle in der Qualitätslandkarte professioneller Softwareentwicklung sie sich mittel- und langfristig stabilisieren wird, lässt sich heute nicht seriös vorhersagen. Es gilt also, diese Entwicklung sehr genau zu beobachten und neue Arbeits- und Geschäftsmodelle zu entwickeln, die die Wertschöpfung aus der Zusammenarbeit von Mensch und Maschine optimieren. Wichtig ist uns an dieser Stelle aber auch folgende Feststellung: Auch im Zeitalter von GenAI gelten für die Entwicklung professioneller Softwarelösungen Konzepte wie Wartbarkeit, Code Reviews (möglicherweise ebenfalls mit LLM-Assistenz) und Definition of Done. Wir haben mit GenAI ein mächtiges „Werkzeug" zur Hand – nun muss es auch richtig geführt werden.

Gleichzeitig und übergreifend findet aber schon heute die Transformation der zugrundeliegenden Skillprofile vom Beruf der Softwareentwicklung statt. Dabei ist bereits offensichtlich, dass diese sich aus der Ecke der „Technik" herausentwickeln werden: Skills rund um Sprache, Kommunikation und Wirkung werden massiv an Bedeutung gewinnen. Gleiches gilt für Konzeptionsstärke und Abstraktionsfähigkeit, also Fähigkeiten, die klassischerweise mit Berufserfahrung aufgebaut werden. Das bedeutet neben den direkten Auswirkungen auf Arbeitsmarkt und Karriere für heutige Software-Engineers auch gewaltige gesellschaftliche Herausforderungen an zukünftige Ausbildungspfade und Bildungswege.

Der Blick nach vorne

Das Kompetenzprofil der Entwicklung verschiebt sich. Softwareentwicklung 2.0 ist weniger auf die Tiefen einzelner Programmiersprachen fokussiert – und mehr auf die Übersetzung zwischen Logik, Fachlichkeit und Architektur. Der Fokus ist dabei das Gesamtsystem und der Mehrwert und weniger die Details der Implementierung. Der Blick für den Wald bei allen technischen Bäumen wird durch den effizienten Einsatz von LLMs frei.

Die neuen Leitfragen lauten nicht:
Wie schreibt man eine DSL-konforme Middleware für Event-Bridges in Go?
Sondern gehen eher in diese Richtung:
Wie gestalte ich eine modulare, nachvollziehbare, wartbare Lösung für dieses konkrete Problem – gemeinsam mit einem KI-System?

Das heißt nicht, dass technisches Wissen irrelevant wird – im Gegenteil. Es verlagert sich nur auf eine andere Ebene: weg von der implementierenden und technologiespezifischen Arbeit, hin zu orchestrierenden und bewertenden Tätigkeiten. Im Zentrum steht die Fähigkeit, mit KI zu kooperieren, nicht sie zu ersetzen.

Und jetzt denken wir nochmal 2 Schritte weiter: Die Vorstellung, ein Projekt mit einem einzigen Prompt zu migrieren, wirkt provokant – ist aber konzeptionell sinnvoll. Denn im Kern beschreibt sie eine neue Arbeitslogik: Der Einstieg in ein Softwareprojekt erfolgt nicht mehr primär über technische Vorarbeit oder über detaillierte Anforderungsdokumente, sondern über eine sprachlich formulierte Intention. Diese Intention umfasst Ziel, Rahmenbedingungen, Einschränkungen – und wird zum Ausgangspunkt für eine iterative Exploration.

Die zentrale Fähigkeit verschiebt sich vom reinen Implementieren hin zum strukturierenden Denken in Sprache.

Key Findings

- **LLMs entlang der Wertschöpfungskette SWE**
  Neben der Erstellung von Code, können LLMs Product Owner, Requirements Engineers und weitere fachliche Projektbeteiligte unterstützen. Auch „nach der Implementierung" bietet LLM-basierte Automatisierung Potenziale, z. B. beim Code Review.
- **Tools „richtig" einsetzen**
  Die Potenziale bzgl. Effizienzsteigerung durch den Einsatz von LLMs in der SWE lassen sich nur dann heben, wenn man weiß, wie man die entsprechenden Werkzeuge richtig einsetzt. Die richtige Wahl des Werkzeugs nach Problemstellung, Prompt Engineering und eine Intuition für LLMs sind entscheidend.
- **Verschiebung der Kompetenzprofils**
  Durch den Einsatz von LLMs in der Entwicklung verschiebt sich das Kompetenzprofil der entwickelnden Teams. Das Aufgabenspektrum bewegt sich weg von der Programmierung und hin zur Orchestrierung. Der Fokus ist das abstrakte Verständnis des Systems, weniger die Details der Implementierung.

Ausblick: Multimodalität und was noch kommt

Wir vermuten, dass auch Sie nach Lektüre dieses Buches zum Schluss kommen: Die Digitalisierung natürlicher Sprache ist eine Disruption, die übergreifend und auf allen Ebenen heutige Vorstellungen davon, was Software ist und wie sie entsteht, aus den Angeln heben wird. LLMs ermöglichen es uns heute, Probleme „in die Hand von Maschinen" zu legen, die vor wenigen Jahren ausschließlich manuell durch Menschen erledigt werden konnten. Mehr noch: Diese neue Art der Automatisierung berührt uns Menschen zum ersten Mal wirklich in unserer Identität als „kreative, denkende Wesen". Ein bemerkenswerter Schritt!

Das Potential dieser Veränderung unserer „Arbeitswelt" lässt sich auf den Punkt bringen:

> Jede Aufgabe, die über Sprache erledigt wird, ist durch LLMs in die Reichweite von Automatisierung geraten.

Doch Sprache ist nur ein Teil unserer Kommunikationswirklichkeit: Viele Herausforderungen beginnen dort, wo Sinnesmodalitäten aufeinandertreffen, wir also nicht mehr „nur" über die Sprache als Wirkungsfeld der Maschinen sprechen. Zum Abschluss unseres Buches wollen wir daher aus der Vogelperspektive einen kurzen Blick auf das Thema Multimodalität werfen, das wir für den konsequenten nächsten Schritt hin zum ganzheitlichen Einsatz künstlicher Intelligenz halten.

Multimodalität

Während Sprache als Medium der menschlichen Kommunikation und Entscheidungsfindung zweifellos fundamental ist, ist unsere Erfahrung der Welt

T. Pfattheicher et al., *When is it good enough? – Softwareprojekte im Zeitalter generativer KI*,
https://doi.org/10.1007/978-3-658-50100-6_13

multimodal. Wir interpretieren gleichzeitig Gesichtsausdrücke und Tonfall. Wir verstehen ein Diagramm schneller als dessen textuelle Beschreibung. Wir empfinden Emotionen, wenn wir Musik hören. Diese multimodale Natur unserer Wahrnehmung erfordert eine erweiterte Sicht darauf, wie wir Informationen aufnehmen, verarbeiten und kommunizieren.

GenAI steht an der Schwelle, diese Multimodalität nicht nur zu verstehen, sondern erlaubt uns den Ozean der Unschärfe damit weiter zu erschließen. Schnell verständliche Beispiele können sein:

- Visuelles Wissensmanagement und Ähnlichkeitsanalyse auf Basis von Bildern oder Videos
- Neuartige Marketingkampagnen mit KI-generierten Bildern und Videos
- Durchdringung von GenAI in virtuelle Räume, z. B. die Erschaffung immersiver Lernerlebnisse auf Basis KI-generierter Schulklassen und Lehrer

All diesen Beispielen ist gemein, dass sie keine rein technischen Herausforderungen darstellen – sondern Fragen des Designs, der Kontextualisierung und der Bedeutungsrekonstruktion aufwerfen. Ähnlich wie bei Sprache zeichnen sich Modalitäten wie Audio, Bild und Video dadurch aus, dass sie subjektiv interpretiert werden und vor dem Zeitalter GenAI menschlicher Schaffenskraft vorenthalten waren. Dies bedeutet insbesondere auch, dass die „Produktifizierung" und Professionalisierung multimodaler digitaler Lösungen vergleichbare Herausforderungen mit sich bringen wie rein sprachbasierte Applikationen.

Die Dimensionen der multimodalen Unschärfe

Ein Bild mag sprichwörtlich tausend Worte wert sein, aber diese „tausend Worte" sind nicht eindeutig - sie sind kontextabhängig, interpretativ und subjektiv.

Die Unschärfe liegt aber nicht nur in der Interpretation des Bildes selbst, sondern auch in der Übersetzung zwischen den Modalitäten – dem Verständnis, was das Bild im Kontext bedeutet, welche sprachlichen Beschreibungen relevant sind und welche Handlungen daraus folgen sollten.

Was bedeutet es zum Beispiel, wenn das System einen Gesichtsausdruck auf einem Foto als „besorgt" klassifiziert, während die begleitende Nachricht positiv formuliert ist? Diese Übersetzungen zwischen Modalitäten sind hochgradig kontextsensitiv.

Vergleichbares gilt für den Tonfall. Angenommen wir entwickeln einen audiobasierten Bot für den Customer Support. Eine monotone Stimme kann als langweilig oder sachlich wahrgenommen werden, eine einfühlsame Stimme als verständnisvoll oder nervig. Unabhängig von der Qualität der Antwort kann

Stimme daher eine inhaltlich gute Lösung in ein System verwandeln, das wenig Akzeptanz erfährt. Diese Beispiele zeigen, dass technische Güte allein nicht genügt – entscheidend ist die Wirkung im Nutzungskontext. Es gilt nicht nur die inhaltlichen Bedürfnisse der User abzuholen, sondern auch so gut wie möglich subjektive Bewertung audiobasierter und visueller Inhalte zu berücksichtigen und zu harmonisieren.

Das Beispiel macht deutlich, dass die digitalen Grenzen, die LLMs bereits enorm erweitert haben, durch Multimodalität komplett gesprengt werden. Es gilt eine neue Sicht auf den kompletten Lebenszyklus digitaler Wertschöpfung zu entwickeln.

Multimodale Unschärfe als Stärke

Ähnlich wie beim Einsatz von LLMs ist der konstruktive Umgang mit Unschärfe entscheidend. Statt Unschärfe als Hindernis zu betrachten, können wir uns ihre grundlegenden Eigenschaften zunutze machen. Hierbei ist es zentral die Wünsche der User zu konsolidieren und gezielt in den Entwicklungsprozess zu integrieren.

Im Kern gilt es dann die in den vorangegangenen Kapiteln beschriebenen Ideen konsequent weiterzudenken und auf das Level Multimodalität zu heben. Aspekte wie „when is it good enough?", „Softwarearchitektur im Zeitalter GenAI" und „statistischer Umgang mit Nicht-Determinismus und Subjektivität" gelten auch in einer multimodalen Welt.

Der Schritt „LLMs -> Multimodalität" erzwingt dabei kein grundlegendes Umdenken wie der Schritt „regelbasierte Software -> LLMs", sondern vielmehr die konsequente Erweiterung der Prinzipien, die wir im Rahmen LLM-basierter Entwicklung kennengelernt haben.

Der Horizont: Das synästhetische Unternehmen

Am Horizont dieser Entwicklung zeichnet sich eine Vision ab: Das synästhetische Unternehmen, in dem Informationen nahtlos zwischen Modalitäten fließen können. Wo eine Kundenanfrage als Text beginnt, als Gespräch fortgeführt wird, visuelle Informationen einbezieht und schließlich in einem 3D-Modell mündet – alles orchestriert durch multimodale GenAI-Systeme, die in der Unschärfe dieser Übergänge nicht scheitern, sondern aufblühen.

Die Inseln der klassischen Automatisierung werden nicht verschwinden, aber der Ozean der Unschärfe zwischen ihnen wird nicht mehr ein Hindernis sein, sondern der eigentliche Raum, in dem Wertschöpfung und Innovation stattfinden. Multimodale GenAI wird zum Navigator dieses Ozeans – und zum Brückenbauer zwischen den Inseln, zwischen Menschen und Maschinen, zwischen Unschärfe und Präzision.

Die Zukunft gehört jenen Unternehmen, die diese neue Landkarte zu lesen verstehen und mutig genug sind, in diesen unschärferen, aber unendlich reicheren Raum der Möglichkeiten vorzudringen.

Key Findings

- **Weitere digitale Erschließung durch Multimodalität**
  Generative KI umfasst mehr als Sprache. Modalitäten die bis dato nur durch Menschen sinnvoll verarbeitet werden konnten, sind nun in die Reichweite von Digitalisierung gerückt. Hierzu zählen Bilder, Audio, Videos und virtuelle Räume. Auf dieser Basis bieten sich neuartige Arten der Wertschöpfung für Unternehmen.
- **Multimodale Unschärfe bändigen**
  Ähnlich wie im Kontext Sprache zeichnen sich multimodale Systeme durch Unschärfe aus. Bilder die durch Prompts generiert werden sind nicht deterministisch vorhersehbar. Es gilt daher, die neuen Möglichkeiten dieser Systeme durch den passenden Projektrahmen zielgerichtet zu steuern. Dies bedeutet eine konsequente Weiterführung der grundlegenden Veränderungen, die wir im Kontext von LLMs – von der Anforderungsanalyse bis hin zur Absicherung der Lösungen – kennengelernt haben, und überträgt sie auf die Ebene der Multimodalität.

Ausblick Reloaded: eine Vision zur KI-nativen Organisation

Entwicklung von Unternehmen

In unserem Buch haben wir viele Perspektiven der Veränderung durch KI beleuchtet. Eine weitere Frage, deren Beantwortung vermutlich eigene Bücher füllen könnte, ist die nach der Auswirkung von GenAI auf ganze Unternehmen und Organisationsformen.

Wenn wir über die visionäre Zukunft von Zusammenarbeit und Organisationen im neuen AI-Zeitalter nachdenken, reicht es manchmal nicht, bestehende Strukturen mit KI anzureichern. Viele Unternehmen (und bei weitem nicht alle) befinden sich heute auf einem Weg, den man als „AI-enabled" oder vielleicht „AI-driven" bezeichnen könnte: Bestehende Prozesse, Teams, Produkte und Dienstleistungen werden durch KI unterstützt oder ergänzt. Der eigentliche Paradigmenwechsel liegt jedoch in etwas Grundsätzlicherem – wir hinterfragen Bestehendes. Unweigerlich gelangen wir zu Konstrukten, in denen Menschen und spezialisierte KI-Agenten zusammenarbeiten. Teams bestehen nicht länger ausschließlich aus Menschen, sondern aus einem Geflecht von Menschen und Maschinen. Verantwortung, Vertrauen und Entscheidungsprozesse müssen neu ausgehandelt werden.

Hier verschiebt sich das Verständnis von Zusammenarbeit: KI ist nicht mehr nur ein Werkzeug, sondern tritt als Akteur auf, der eigenständig Aufgaben übernimmt, Prozesse abdecken kann, Vorschläge generiert, Optionen priorisiert und sogar Entscheidungen vorbereitet. Die Maschine wird – ganz real, in den konkreten Ausprägungen der Zusammenarbeit – zum Kollegen. Diese Idee endet in einer großen Entwicklung: der Idee einer *KI-nativen Organisation*.

Eine KI-native Organisation versteht künstliche Intelligenz nicht als externes Werkzeug, sondern als integralen Bestandteil ihrer Identität. Sie ist von Grund auf um KI herum gebaut. Die Konsequenzen sind tiefgreifend – für Strategie, für Wertschöpfung, vor allem aber für Zusammenarbeit.

T. Pfattheicher et al., *When is it good enough? – Softwareprojekte im Zeitalter generativer KI*,
https://doi.org/10.1007/978-3-658-50100-6_14

Zusammenarbeit in gemischten Teams

In einer Organisation, die KI in ihre DNA verwebt (egal ob KI-nativ oder AI-driven) verändert sich die Vorstellung von Teamarbeit. Teams bestehen nicht mehr ausschließlich aus Menschen, sondern aus einer Mischung von Menschen und Agenten. KI-Systeme übernehmen nicht nur nervige, geistlose Aufgaben oder Automatisierung von Routinen als „technische Unterstützung", sondern wirken aktiv als Kooperationspartner: Zum Sparring und als Know-How-Maschine. Sie recherchieren, schlagen Optionen vor, reagieren auf Informationen und helfen bei der Priorisierung, moderieren Abläufe.

Menschen hingegen übernehmen Aufgaben, die Maschinen nicht leisten können: Richtung angeben, Widersprüche aushalten, Entscheidungen verantworten. Und am wichtigsten: Zwischenmenschliches, Kontakt, Schlichtung, „zwischen den Zeilen". Aus dieser Arbeitsteilung entsteht ein neues Verständnis von Zusammenarbeit. Man könnte sagen, dass die Maschine „präpariert", während der Mensch Mensch ist und „entscheidet". Doch dieses Bild ist zu einfach: Tatsächlich ist es eine Wechselwirkung, in der beide Seiten voneinander lernen.

Was macht das mit uns Menschen?

Vielleicht könnte ein Arbeitstag dieser Zukunft so aussehen: Wir beginnen unseren Tag nicht mit dem Durcharbeiten voller Posteingänge, sondern im Dialog mit unserem persönlichen KI-Companion, der Prioritäten, offene Fragen und relevante Entwicklungen vorsortiert. Projekte entstehen nicht mehr ausschließlich durch zentrale Planung, sondern auch durch das Zusammenspiel von Agenten, die Potenziale identifizieren und Menschen in die Umsetzung einbeziehen. Entscheidungen werden nicht nur schneller, sondern auch transparenter, weil die zugrunde liegenden Daten, Wege und Analysen jederzeit nachvollziehbar sind.

Das bedeutet nicht, dass Menschen überflüssig würden. Wir sollten generell dem Reflex der reinen Bewahrung existierender „Berufe" widerstehen, und stattdessen auf der Ebene konkreter Aufgaben fragen: Sollte Arbeit, die gänzlich und ohne Qualitätsverlust automatisierbar ist, überhaupt von Menschen erledigt werden?

Wir wollen nicht suggerieren, dass die Antwort auf diese Frage immer „nein" lautet, aber werben für eine andere, zukunftsorientiertere Sicht: Der Wert menschlicher Arbeit verschiebt sich und wird gleichzeitig viel größer. Er liegt weniger in der Verarbeitung von Information, sondern stärker in der Fähigkeit, Sinn zu geben und Grenzen zu setzen. KI kann Daten verarbeiten, aber nicht Bedeutung stiften. Sie kann Optionen generieren, aber nicht Prioritäten in einem ethischen, sozialen oder emotionalen Kontext setzen.

Was bleibt, ist unendlich wichtig und zutiefst menschlich:

- Empathie und Resonanz,
- Verantwortung und Urteilskraft,
- Kreativität und Neugier,
- Antrieb und Ambition,
- das Aushalten von Unschärfe und Widersprüchen.

Am Ende geht es um eine Transformation, die weit über Technologie hinausweist. KI-nativ zu sein bedeutet, *Zusammenarbeit neu zu denken*. Es bedeutet, Organisationen nicht mehr entlang von Hierarchien und Prozessen zu verstehen, sondern als Netzwerke aus Menschen und Maschinen, die gemeinsam handeln, lernen und gestalten. Sinn entsteht im menschlichen Miteinander, in Geschichten, in gelebten Werten. Vielleicht ist das die eigentliche Zukunft der Zusammenarbeit: Dass das Menschliche nicht verdrängt, sondern sichtbar unverzichtbar wird. Je stärker Organisationen KI in ihr Fundament aufnehmen, desto deutlicher tritt hervor, was uns als Menschen einzigartig macht.

Eine KI-infused Organisation – also „mit KI durchdrungen" – ist daher nicht in erster Linie effizienter. Sie eröffnet neue Formen der Kollaboration zwischen Mensch Maschine und lässt uns gemeinsam den Ozean der Unschärfe jenseits der heutigen Lösungsinseln erobern, den wir am Anfang dieses Buches beschrieben haben. Und sie gibt dem Menschen mehr Raum, seine Stärken auszuspielen.

Die Zukunft der Arbeit ist damit nicht die Maschine allein – sondern das produktive Miteinander von Mensch und Maschine in einer neuen Form der Organisation.

Key Findings

- **Von KI-enabled zu KI-nativ**
  Der eigentliche Paradigmenwechsel liegt nicht in der Anreicherung bestehender Strukturen mit KI, sondern in Organisationen, die KI als integralen Bestandteil ihrer Identität verstehen.

- **Teams im Wandel**
  Zusammenarbeit bedeutet künftig ein Geflecht aus Menschen und KI-Agenten. Maschinen übernehmen Text, Recherche, Strukturierung und Wiederholbares, während Menschen Sinn geben, Widersprüche aushalten und Entscheidungen verantworten.
- **Neues Verständnis von Arbeit**
  Wert entsteht weniger durch Informationsverarbeitung, sondern durch zutiefst menschliche Fähigkeiten – Empathie, Urteilskraft, Kreativität, Ambition und den Umgang mit Unschärfe.
- **Organisation als Netzwerk**
  KI-native Organisationen sind nicht mehr entlang starrer Hierarchien gedacht, sondern als Netzwerke aus Menschen und Maschinen, die gemeinsam handeln, lernen und gestalten.

Zusammenfassung (the End)

Wenn es gut genug ist

Die Arbeit mit generativer KI verändert, wie wir Software denken, gestalten und verantworten. Dieses Buch versucht, diese Veränderung nicht nur technisch zu beschreiben, sondern konzeptionell zu fassen – als Verschiebung von Gewissheiten hin zu neuen Formen von Unsicherheit, Ambiguität und Gestaltungsspielräumen.

Dabei zieht sich eine zentrale Frage durch alle Kapitel dieses Buches: *When is it good enough? Wann ist es gut genug?*

Diese Frage lässt sich nicht mehr allein auf technischer oder funktionaler Ebene beantworten. Sie erfordert neue Formen des Nachdenkens – über Qualität, Verantwortung, Rollen, Sprache, Vertrauen und Wirkung. Und sie verlangt nach neuen Routinen, die nicht auf Vollständigkeit, sondern auf Situationsangemessenheit abzielen.

Die folgenden Punkte fassen die wesentlichen Inhalte zusammen:

1. Unschärfe als Normalfall
   Generative Systeme operieren probabilistisch. Ihre Antworten sind nicht deterministisch reproduzierbar, sondern durch Wahrscheinlichkeiten, Sprachkontext und situative Varianz geprägt. Das führt zu einer Verschiebung: Statt klarer „richtig/falsch"-Bewertungen müssen Unsicherheiten eingeordnet, erklärt und gestaltet werden.
2. Qualität ist mehrdimensional
   Klassische Qualitätsmerkmale wie Korrektheit und Robustheit bleiben relevant, reichen aber nicht aus. Ergänzend rücken Aspekte wie sprachliche Wirkung, Anschlussfähigkeit, Erwartungssteuerung und Transparenz in den Vordergrund. Qualität wird damit kontextabhängig und dynamisch.

T. Pfattheicher et al., *When is it good enough? – Softwareprojekte im Zeitalter generativer KI*,
https://doi.org/10.1007/978-3-658-50100-6_15

3. Neue Rollen, veränderte Verantwortlichkeiten
   Fachrollen verändern sich. Product Owner müssen mit Unsicherheit umgehen, UX-Design wird zu Verhaltensgestaltung, Architekturen werden dialogfähig. Verantwortung wird verteilt – zwischen Mensch, System und unterstützenden Agenten. Entscheidungen entstehen zunehmend im Zusammenspiel, nicht allein im Entwurf.
4. Sprache wird zur Schnittstelle
   Natürliche Sprache ist nicht nur ein neues Interface, sondern ein zentrales Gestaltungselement. Sie beeinflusst nicht nur die Nutzung, sondern auch die Struktur von Systemen, die Erwartungen an Qualität und die Form der Zusammenarbeit im Team.
5. Beobachtung statt Kontrolle
   Der Anspruch vollständiger Kontrolle tritt in den Hintergrund. Stattdessen werden Methoden benötigt, die auf Beobachtung, Wirkungsanalyse und Nachjustierung setzen. Das betrifft sowohl technische Evaluationsverfahren (z. B. mit Bewertung durch Sprachmodelle) als auch organisatorische Praktiken.

Die Gestaltung von Software im Zeitalter generativer KI verlangt neue Perspektiven auf Qualität, Rolle, Verantwortung und Sprache. Dieses Buch versteht sich als Beitrag zu dieser Diskussion – mit dem Ziel, Begriffe zu klären, Denkansätze bereitzustellen und praktische Orientierung zu geben. Die zentrale Herausforderung und Chance:

Gestaltung unter Unschärfe professionell und wirksam umzusetzen.

Abkürzungsverzeichnis

AGI	Artificial General Intelligence. 68
AI	Artificial Intelligence. 1, 3, 50, 68, 71, 99, 111, 112, 153, 154
API	Application Programming Interface. 92
CRM	Customer Relationship Management. 47
DSGVO	Datenschutz-Grundverordnung. 134, 140
GenAI	Generative Artificial Intelligence. xviii, 1, 2, 4–11, 15, 17, 19–22, 35–39, 43–45, 48–53, 55–58, 61, 62, 66, 68, 70, 71, 73, 76, 79, 80, 83, 94–96, 100, 101, 107, 110–112, 117, 118, 121, 133–135, 138, 143–146, 150–153
HTML	Hypertext Markup Language. 93
JSON	JavaScript Object Notation. 95
JWT	JSON Web Token. 139
KI	Künstliche Intelligenz. xvi, 1–5, 7–11, 13, 17, 20, 35–44, 49, 57, 59, 60, 65, 66, 68, 70, 72, 84, 100, 101, 108, 109, 111, 112, 118, 120, 134, 135, 141, 144, 146, 150, 152–158

T. Pfattheicher et al., *When is it good enough? – Softwareprojekte im Zeitalter generativer KI*,
https://doi.org/10.1007/978-3-658-50100-6

LLM Large Language Model. xvi–xix, 2–4, 8–10, 18, 19, 25–32, 46, 55, 56, 58, 59, 63, 67–69, 76, 79–86, 88–90, 92–105, 107–109, 111–131, 133–147, 149, 151, 152

MCP Model Context Protocol. 97
MVP Minimum Viable Product. 61

NLP Natural Language Processing. xix, 5, 89, 135, 137

PO Product Owner. 55, 56, 58, 59, 62, 63, 113, 114, 116
PoC Proof of Concept. 61

RL Reinforcement Learning. 30, 32
RLHF Reinforcement Learning from Human Feedback. 30

SLM Small Language Model. 136–138

UI User Interface. 60, 61, 66, 67, 71, 76, 81
UX User Experience. xvii, 8, 9, 11, 13, 15, 16, 53, 56, 62, 66–77, 99, 100, 140, 158

XAI Explainable AI. 69, 84

Kolibri 360 GmbH
Ferdinand-Jühlke-Straße 7
99095 Erfurt, Deutschland
produktsicherheit@kolibri360.de